Angst – Aufwachsen in unsicheren Zeiten und wie wir unseren
Kindern helfen, mutig in die Welt zu gehen

AF195390

Elisabeth Raffauf

Angst – Aufwachsen in unsicheren Zeiten und wie wir unseren Kindern helfen, mutig in die Welt zu gehen

Patmos Verlag

VERLAGSGRUPPE PATMOS
PATMOS
ESCHBACH
GRÜNEWALD
THORBECKE
SCHWABEN

Die Verlagsgruppe
mit Sinn für das Leben

Die Verlagsgruppe Patmos ist sich ihrer Verantwortung gegenüber unserer Umwelt bewusst. Wir folgen dem Prinzip der Nachhaltigkeit und streben den Einklang von wirtschaftlicher Entwicklung, sozialer Sicherheit und Erhaltung unserer natürlichen Lebensgrundlagen an. Näheres zur Nachhaltigkeitsstrategie der Verlagsgruppe Patmos auf unserer Website www.verlagsgruppe-patmos.de/nachhaltig-gut-leben
Übereinstimmend mit der EU-Verordnung zur allgemeinen Produktsicherheit (GPSR) stellen wir sicher, dass unsere Produkte die Sicherheitsstandards erfüllen. Näheres dazu auf unserer Website www.verlagsgruppe-patmos.de/produktsicherheit.
Bei Fragen zur Produktsicherheit wenden Sie sich bitte an produktsicherheit@verlagsgruppe-patmos.de

Bibliografische Information der Deutschen Nationalbibliothek
Die Deutsche Nationalbibliothek verzeichnet diese Publikation in der Deutschen Nationalbibliografie; detaillierte bibliografische Daten sind im Internet über http://dnb.d-nb.de abrufbar.

Alle Rechte vorbehalten
© 2025 Patmos Verlag
Verlagsgruppe Patmos in der Schwabenverlag AG, Senefelderstr. 12, 73760 Ostfildern
www.patmos.de

Umschlaggestaltung: Finken & Bumiller, Stuttgart
Gestaltung, Satz und Repro: Schwabenverlag AG, Ostfildern
Druck: CPI books GmbH, Leck
Hergestellt in Deutschland
ISBN 978-3-8436-1583-9

Inhalt

Einleitung 7

1. Angst vor der Zukunft 13
   Klima, Krieg, Pandemie, Rechtsruck

2. Angst, das Leben nicht zu schaffen 47
   Wenn der Druck zu groß wird

3. Angst, Fehler zu machen 65
   Immer 100 Prozent geben

4. Angst vor Ausgrenzung 73
   »Ich möchte unbedingt dabei sein.«

5. Angst vor Einsamkeit 87
   Wenn sich niemand für einen interessiert

6. Angst, dass das Leben bedroht ist 97
   Letztendlich die Angst vor dem Tod

7. Panik 105
   Wenn die Angst einen überrollt

8. »Hilfe, mein Kind ist in Gefahr.« 117
   Elternängste und wie sie auf die Kinder wirken

9. Angst ist unsere Alarmanlage 135
   Die gute Seite der Angst

10. Wünsche an die Zukunft 143
    »Meine Ziele erreichen und nichts bereuen«

11. Der Angst entgegengehen 153
    Wie aus Angst Mut werden kann

Danke 169

Anmerkungen 170

Einleitung

Weltpolitisch gesehen ging das Jahr 2024 krachend zu Ende: Donald Trump wird mit großer Mehrheit zum neuen, alten Präsidenten der USA gewählt, in Deutschland zerbricht die Ampel-Koalition, in der Ukraine, im Nahen Osten, im Sudan und anderen Ländern toben nicht enden wollende Kriege, rechte Parteien gewinnen in vielen Ländern immer mehr Anhänger, in Spanien sterben Menschen infolge einer Flutkatastrophe.

Düster war schon das Resümee des Jahres 2023: »Ein schwieriges, teilweise schreckliches Jahr. Mit steckenbleibenden und neuen Kriegen, Hitze- und Dürrerekorden… einem schlimmen Massaker«, so war es in der Taz von Dezember 2023 zu lesen.[1]

Die niederschmetternden Ergebnisse der Pisa-Studie (Deutsche Schülerinnen und Schüler schnitten im internationalen Vergleich noch nie so schlecht ab), die Folgen von zwei Jahren Corona-Lockdown und die Ankündigungen des Gesundheitsministers »Das war nicht die letzte Pandemie« sind da noch gar nicht mit eingerechnet.

Diese Ereignisse haben und hatten mit der Lebenswirklichkeit der Kinder und Jugendlichen ganz unmittelbar zu tun.

Kinder und Jugendliche sind immer noch von der Corona-Zeit geprägt. Sie wirkt nach und hat sich als Erfahrung tief eingebrannt. Junge Leute sagen vermehrt: »In diese Welt will ich keine Kinder setzen.«

Was erwartet denn unsere Kinder? Klimakatastrophen, Kriege, Pandemien, Terroranschläge und irgendwann ein autokratisches Regime? Wenn man daran denkt, kann man wirklich Angst kriegen.

Kinder und Jugendliche schauen natürlich unterschiedlich in die Zukunft der Gesellschaft, der Welt. Die gesamte Weltlage macht vielen mehr Sorgen als ihre ganz persönlichen beruflichen und privaten Perspektiven. Diese werden von einigen jungen Menschen als »gar nicht so schlecht« beurteilt, andere haben Angst, den gestiegenen Anforderungen in der Schule und im Beruf nicht gewachsen zu sein. Die Konsequenz: Viele ziehen sich in ihr privates »Schneckenhaus« zurück und versuchen, die Welt außen vor zu lassen. Der Musiker Peter Fox bringt dieses Lebensgefühl in seinem Song »Toast« auf den Punkt: »Deutschland ist am Schwächeln, aber ich bleib' stark.«

Während ich an diesem Buch arbeite, verändert sich die politische Lage rasant und damit verändern sich auch die Studienergebnisse darüber, was die größten Ängste der Kinder und Jugendlichen sind. Deshalb ist es schwierig, eine statische Rangfolge anzugeben. Und natürlich auch deshalb, weil es nicht *die* Kinder und Jugendlichen gibt. Sie sind eine sehr heterogene Gruppe, wie wir Erwachsenen auch.

Kinder haben »erwachsene« Ängste

Studien, die sich mit den Ängsten und Zukunftssorgen von Kindern und Jugendlichen befassen, kommen alle zu demselben Ergebnis: Eine der größten und durchgängigsten Sorgen der Jugendlichen gilt dem Klima!!! Denn das berührt sie unmittelbar. Sie müssen »die Suppe auslöffeln«, die wir ihnen eingebrockt haben.

Die Kinder, die sich heute sorgen, können zwar protestieren, aber sie sitzen nicht in den Gremien, in denen über den weiteren Umgang mit Energie und Natur beraten und entschieden wird. Ihre Möglichkeiten, etwas zu ändern, sind deutlich begrenzter als unsere. Sie sehen, dass Regierungen zu wenig für das Klima tun, dass sie im Gegenteil klimaschädliche Technologien unterstützen oder zumindest tolerieren. Was das bei Kindern und Jugendlichen befördern kann? Stress, Angst, Verzweiflung, Depression, Ohnmacht.

Auch die weltweite politische Lage besorgt viele Kinder und Jugendliche: »Kommt der Krieg auch zu uns?«, fragen schon Grundschulkinder. Und darauf können wir keine klare Antwort geben.

Ich habe mit vielen Kindern und Jugendlichen über ihre Ängste gesprochen, in Schulklassen Interviews durchgeführt und Fragebögen mit offenen Fragen zum Thema Angst verteilt, die viele sehr ausführlich beantwortet haben. Nicht repräsentativ, aber sehr aufschlussreich: Als große Sorgen benennen einige auch die Inflation und Angst vor immer mehr Migranten in Deutschland. Auch aufgrund dieser Ängste glauben nicht wenige Jugendliche, dass die rechten Parteien die Lösung für alle diese Probleme liefern können. Eine Entwicklung, die mit dem Gefühl der Ohnmacht zu tun hat: Wenn wir uns ohnmächtig fühlen, sehnen wir uns nach einer starken Autorität, die alles wieder in Ordnung bringt. Diese Hoffnung nähren die Rechten.

Welche Ängste belasten die Kinder und Jugendlichen – neben der Angst vor politischen, gesellschaftlichen und umweltabhängigen Veränderungen – noch? Angst vor Ausgrenzung, Einsamkeit, zu hohen Anforderungen. Angst davor, verlassen zu werden, die Angst, das Leben nicht zu schaffen, zu versagen, in der modernen, zukünftigen Welt nicht bestehen zu können. Diese Grundängste hat es schon immer gegeben, aber sie erscheinen heute aufgrund vieler Veränderungen in anderem Gewand. Und sie haben zugenommen.

Bei mir in der Praxis waren schon mehr als einmal junge Menschen, die gut in der Schule waren, aus »geordnetem« Elternhaus kamen und traurig dasaßen und gestanden: »Ich hab Angst, mein Leben nicht zu schaffen.« Diese Angst hat viele Ursachen, die gar nicht so leicht zu identifizieren sind. Das Klima und die Weltlage spielen eine Rolle, eine nicht zu unterschätzende. Hinzu kommen ganz persönliche Sorgen darüber, ob man es schafft, mit den vielfältigen Herausforderungen, die sich heute stellen, fertigzuwerden und seinen Platz in der Welt zu finden.

Es ist wichtig, dass uns klar ist: In der Jugendzeit sind unsere Kinder sehr verletzlich. Sie können nicht mehr Kind sein, aber sie sind eben auch noch nicht erwachsen. Vieles passiert zum allerersten Mal. Es gibt noch keine oder sehr wenig Erfahrung, zum Beispiel wie man liebt, wie man sich abgrenzt, wie man Dinge erreichen kann in der Erwachsenenwelt. Gleichzeitig sind Jugendliche so empfänglich für Neues, Unbekanntes, Menschen, die ihnen zusichern, dass sie die richtige Botschaft für das Bestehen in der Welt haben. Auch wenn die jungen Menschen schon viel allein machen und machen müssen. Gleichzeitig brauchen sie Halt und Orientierung, um gut in die Welt gehen zu können.

Erwachsene fühlen sich oft überfordert

Was ist mit den Ängsten der Erwachsenen? Sie könnten doch auch Panik kriegen beim Betrachten der Weltlage, beim Blick auf die Entwicklung des Klimas, beim Nachdenken über ihre eigenen Kinder und deren Zukunft. Was machen sie? Manche Erwachsene sind mit ihren täglichen, existenziellen Nöten so beschäftigt, dass sie für den Blick in die Zukunft ihrer Kinder gar keinen Kopf haben.

Das Ergebnis ist: Es wird nicht probiert, etwas zu verändern. Möglichst viel soll so bleiben, wie es ist. Veränderung macht schließlich auch Angst. Es ist häufig zu beobachten: Menschen haben solche Angst vor Veränderung, dass sie sich mit sehr viel Schlechtem arrangieren. Indem sie sich fügen, das Unangenehme verdrängen oder andere anklagen, anstatt bei sich selbst zu schauen.

Andere schieben ihre eigenen Ängste beiseite und schauen ebenfalls nicht hin, was mit ihren Kindern genau los ist: Sie verbrauchen weiter uneingeschränkt die Ressourcen dieser Erde, schränken sich in keiner Weise ein. Welche Haltung steckt dahinter? »Nach mir die Sintflut« oder »Kopf in den Sand«? Die eigene Angst, nicht zu wissen, was sie ihren Kindern sagen sollen? Oder das volle Bewusstsein: Die Politik muss es richten, ich doch nicht.

Wie geht Ermutigung?

Ermutigung geht anders und Verantwortung übernehmen auch. Luisa Neubauer, eine der weltweit bekanntesten Klimaaktivistinnen, regt genau das ziemlich auf: »Wütend macht mich das nicht umsteuern wollen«, schreibt sie in ihrem Buch *Gegen die Ohnmacht*.[2]

Was können wir dagegensetzen? Oder besser gesagt: danebenstellen? – Denn: Weggucken ist auch keine Lösung! Die »Kopf in den Sand«-Haltung bringt uns nur kurzfristig Entlastung, sie hilft nicht wirklich, nicht auf Dauer. Wir müssen hinschauen und wir müssen etwas danebenstellen. Es ist beides gleichzeitig da: Die Angst und die Hoffnung: »Und«, nicht »oder«!

Ingo Zamperoni beschwört sie schon seit Jahren am Ende der Tagesthemen, die Zuversicht: »Bleiben Sie zuversichtlich«, sind nach fast jeder Sendung seine letzten Worte. Politikerinnen und Politiker haben sich – im Krisenmodus – auch darauf verlegt, die Zuversicht herbeizurufen. Auf Parteitagen, in Interviews kann man häufig diese Beschwörungsformel hören.

Zuversicht, das bedeutet: »Die Hoffnung darauf, dass etwas Besseres kommt.« Es bedeutet Optimismus. Der Philosoph Richard David Precht betont in Interviews immer wieder, die Vorteile des Optimismus: »Ein Optimist, der sich in seinen Idealen getäuscht sieht, hat immer noch ein erfüllteres Leben gehabt als ein Pessimist, der sich bestätigt sieht.«[3]

Gar nicht so leicht. Ich leite seit vielen Jahren Gruppen für Eltern von Jugendlichen. Dort sagte eine Mutter einmal: »Wie sollen wir unsere Kinder ermutigen, optimistisch in die Welt zu schauen, wenn wir selbst es nicht können?« Wir Erwachsenen kennen viele dieser Ängste natürlich auch.

Luisa Neubauer spricht von radikaler, empörter Zuversicht, die wir dem Gefühl der Ohnmacht entgegenstellen sollten.

Wie das geht? Und was können wir Erwachsenen tun? Darum geht es unter anderem in diesem Buch.

Es geht um Ermutigung, um Optimismus und um Hoffnung. Das sind die Gegenpole zu Angst, Enttäuschung und Mutlosigkeit. Dabei ist es wichtig zu verstehen, woher die Angst kommt, was sie auslöst und wie sie wirkt, um zu schauen, wie wir alle und die Kinder und Jugendlichen im Besonderen damit umgehen können. Und wie wir Erwachsenen unsere Kinder gut begleiten und unterstützen können, mutig in die Welt zu gehen.

1. Angst vor der Zukunft

Klima, Krieg, Pandemie, Rechtsruck

Die Zukunftsängste der Kinder und Jugendlichen sind Erwachsenenängste. Kindliche Unbeschwertheit war gestern. Tatsache ist: Die Weltlage ist im Kinderzimmer angekommen. Viele unterschiedliche Studien belegen das und es gibt verschiedene Gründe dafür: Die vielfältigen Medien sind längst in Kinderhänden, Erwachsene schaffen es nicht, die großen Probleme zu meistern, und es ist Fakt: Es gibt große Krisen auf der Welt.

Welche der Krisen den Kindern und Jugendlichen wann am meisten Sorgen machen, fasst der Familienreport 2024[4] zusammen: Hier zeigt sich im Blick auf die verschiedenen Jugendstudien der letzten Jahre, dass der Optimismus, die Hoffnungen auf die eigene Zukunft und die Zukunft Deutschlands abgenommen haben. Wobei die Sicht auf die eigene Zukunft noch deutlich positiver ausfällt als auf die Zukunft der Bundesrepublik. Welche Krisen gerade am stärksten wahrgenommen werden, variiert:

Im Herbst 2022 war der Klimawandel die Hauptsorge der Kinder und Jugendlichen, darauf folgten Krieg, Inflation und Energiekrise. In einer Befragung im Sommer 2023 war das Thema, das den Jugendlichen am meisten Sorgen gemacht hat, die Inflation, dahinter lagen Krieg und Klimawandel. Und diese Sorgen dauern an: Die aktuelle Shell-Studie kommt zu dem Ergebnis, dass die Angst der Jugendlichen vor einem Krieg in Deutschland stark zugenommen hat, gefolgt von der Sorge um die wirtschaftliche Lage und wachsender zwischenmenschlicher Feindseligkeit.[5]

2024 wurde die Angst vor einem Rechtsruck und das Gegenteil, die Angst vor immer mehr Ausländern in Deutschland, sehr präsent. Letztere landete in manchen Studien sogar auf Rang 1 der Zukunftsängste.[6] Diese Angst wurde unter anderem bei der Europawahl 2024 deutlich, bei der 16 % der Erstwählerinnen und Erstwähler rechts gewählt haben.

Die Angst vor einem Rechtsruck zeigte sich in Demos gegen rechts, an denen auch viele Kinder und Jugendliche teilgenommen haben. Sie wird auch in der Studie der Körber-Stiftung[7] als relevante Angst der Kinder und Jugendlichen angeführt.

Angst vor dem Klimawandel

»Warum für die Zukunft lernen, wenn ihr sie zerstört?«

Ich fange mit der Angst vor dem Klimawandel an, da das Thema seit Längerem für Kinder und Jugendliche eine große Rolle spielt. Sinnlosigkeit, Verzweiflung und Angst sprechen aus der Frage, die jemand auf ein Plakat geschrieben hat. Für die Zukunft, für später zu lernen, mit diesem Argument werden täglich Schülerinnen und Schüler gedrängt, sich hinzusetzen, Englisch-Vokabeln und Matheformeln zu pauken. »Aber was, wenn es keine lebenswerte Zukunft mehr gibt?«, fragen sich viele.

Angefangen hat der Aufschrei von Kindern und Jugendlichen in Schweden. Die damals 15-jährige Greta Thunberg gab die Initialzündung. Allein, mit einem Pappschild, auf das sie geschrieben hatte: »Skolstrejk för Klimatet« (»Schulstreik für das Klima«), setzte sie sich an einem Freitag auf die Straße vor das schwedische Parlament und streikte, anstatt in die Schule zu gehen. Sie inspirierte Kinder und Jugendliche auf der ganzen Welt zu »Schulstreiks für das Klima«. Greta Thunbergs Ziel war: Schweden sollte das Klima-Übereinkommen von Paris einhalten.

Die Bewegung »Fridays for future« war die Folge. Jeden Freitag streiken weltweit Tausende von Kindern und Jugendlichen dafür, dass die Bedrohung durch den Klimawandel ernst genommen wird und alles dafür getan wird, ihn zu stoppen.

»Für Kinder und junge Menschen ist der Klimawandel die größte Bedrohung ihrer Zukunft. Wir sind diejenigen, die die Fehler der Erwachsenen ausmerzen müssen und wir sind diejenigen, die darunter am meisten zu leiden haben«, schrieb Thunberg zusammen mit anderen Jugendaktivist:innen in der New York Times. »Das ist die Welt, die uns hinterlassen wird. Doch noch haben wir Zeit, die Zukunft des Klimas zu ändern. Weltweit wächst die Bewegung junger Aktivist:innen.«[8]

> Das Klimaabkommen von Paris ist ein völkerrechtlicher Vertrag. Es wurde 2015 auf der Klimarahmenkonferenz der Vereinten Nationen von insgesamt 195 Staaten verabschiedet. Es sieht vor, dass der weltweite Temperaturanstieg auf möglichst 1,5 Grad Celsius, in jedem Fall auf »deutlich unter« 2 Grad Celsius im Vergleich zur vorindustriellen Zeit begrenzt werden soll. Als vorindustriell wurde die Zeit zwischen 1850 und 1900 bezeichnet.
>
> Das Ziel des Abkommens ist eine Klimaneutralität. Das heißt, dass nicht mehr klimaschädliche Gase ausgestoßen werden dürfen, als der Atmosphäre auch wieder entzogen werden. Das Entziehen geschieht etwa durch Wälder, die Kohlendioxid in Sauerstoff umwandeln. Das wiederum kann zurzeit nur erreicht werden, wenn wir Menschen weniger Kohlenstoff freisetzen.

Wissenschaftliche Studien sind die Grundlage für die Beunruhigung der jungen Leute. Ein Bericht der Kinderrechts-Organisation Unicef kommt 2021 zu dem Ergebnis, dass fast alle 2,2 Milliarden Kinder, die auf der Welt leben, mindestens einem Klima- oder Umweltrisiko ausgesetzt sein werden, von katastrophalen Fluten bis zu vergifteter Luft. Eine Milliarde Kinder gelten als extrem gefährdet und zwischen 2016 und 2021 wurden 43 Millionen Kinder vertrieben aufgrund von Extremwetterverhältnissen.[9]

Was ist Klimawandel?

Das Klima für die psychische Verfassung von Jugendlichen verantwortlich zu machen, klingt für manche Menschen vielleicht sehr abstrakt. Umso wichtiger ist es, ganz konkret zu schauen, was mit Klimawandel eigentlich gemeint ist. Und: Was bedeutet er für heutige Kinder und Jugendliche?

Also scrollen wir nochmal zurück: Was ist Klimawandel? Wovor haben die Jugendlichen genau Angst?

Der Begriff »Klimawandel« fällt heute ziemlich häufig. Wenn es draußen viel wärmer ist als noch vor einigen Jahren. Wenn wir im Januar schon frühlingshafte Temperaturen haben, wenn Überschwemmungen auf der Welt in den Nachrichten gezeigt werden oder sogar, wie im spanischen Valencia, im Ahrtal, in der Eifel oder in Bayern, also auch hier bei uns, durch massive Regenfälle Menschen sterben und Häuser zerstört werden. Gleichzeitig ist das Wort so in unseren Wortschatz übergegangen, als gehöre Klimawandel einfach zum Leben dazu und als sei es normal. Ist er auch. Aber: Nicht in dem Ausmaß und der Geschwindigkeit wie er heute vonstattengeht.

Ein wichtiges Stichwort, wenn wir über den Klimawandel sprechen, ist Kohlendioxid, kurz CO_2. CO_2 ist ein Gas und von Natur aus in der Atmosphäre enthalten. Alle Tiere und Menschen atmen es aus. Es wird zum Beispiel auch freigesetzt, wenn Vulkane ausbrechen oder Pflanzen verrotten. Das sind die natürlichen CO_2-Quellen. Und es ist wichtig, dass es CO_2 gibt. Es nimmt nämlich einen Teil der von der Erde ins Weltall abgegebenen Wärme auf und strahlt sie zurück auf die Erde. Der sogenannte Treibhauseffekt. Wenn es ihn nicht gäbe, hätten wir hier Eiszeit.

Das Problem ist, dass seit Mitte des 20. Jahrhunderts der globale Kohlendioxid-Ausstoß drastisch gestiegen ist, und zwar durch den Umgang mit Energie durch uns Menschen.

CO_2 entsteht auch, wenn wir zu Hause heizen, wenn Autos fahren, Flugzeuge fliegen, Kraftwerke Strom erzeugen oder Stahlwerke Eisen produzieren. Also immer, wenn wir fossile Energien, wie Kohle, Erdöl oder Gas, verbrennen. Zu wenig davon entweicht in das Weltall und immer mehr sammelt sich in der Erdatmosphäre und führt zu einer Erhöhung des Treibhauseffekts.

Welche Folgen hat der Klimawandel?

Die Folgen des Klimawandels sind katastrophal. Heftige Dürren, Wasserknappheit, schwere Brände, steigender Meeresspiegel, Überschwemmungen, Abschmelzen der Pole und Artenschwund.

»It kills the polar bears«, erklärte mir ein 11-jähriger britischer Junge.

Und die 10-jährige Nela aus Köln weiß das auch: »Ich denke, dass viele Tiere sterben, weil es zu heiß ist. Es wird ja immer heißer und die Pinguine und Eisbären, die brauchen Kälte. Ohne Kälte können die halt nicht leben.«

Ist es so verwunderlich, dass junge Menschen sich darüber Sorgen machen? Was passiert mit dieser Erde? Mit ihrer Zukunft? Was werden die Folgen sein? Der Klimawandel hat Einfluss auf unser gesamtes Leben, auf unsere Gesundheit, auf die Nahrungsmittelerzeugung, auf die Wohnsituation, die Sicherheit, die Arbeit. Eine gravierende Folge werden viele, viele Klimaflüchtlinge sein, denn eins passiert schon jetzt: Menschen, die in Inselstaaten oder in sogenannten Entwicklungsländern leben, sind am meisten betroffen. Manche mussten schon ihre Heimat verlassen, weil sie nicht mehr bewohnbar war.

Und das hat mit unserer Lebensweise hier ziemlich viel zu tun. Es fühlt sich nur irgendwie nicht so an. Denn in unserem Alltag hier in Deutschland spielt es für die meisten ja noch keine gravierende Rolle, erst recht keine lebensbedrohliche.

Tatsache aber ist: Die USA, China und Europa stoßen am meisten Abgase aus. Sie sind die größten Verursacher der Klimakatastrophe. Das meiste Leid tragen aber die Menschen, die in sogenannten Entwicklungs- und Schwellenländern leben.

Das hat unter anderem damit zu tun, dass es in afrikanischen Ländern aufgrund ihrer geografischen Lage per se heißer ist. Und ein paar Grad mehr sind bei höheren Durchschnittstemperaturen gefährlicher. Dort führt der Klimawandel schon dazu, dass Tiere einfach verdursten, dass Vögel tot vom Himmel fallen. Das ist für uns Erwachsene schon schockierend. Wie wirken solche Bilder dann auf unsere Kinder, die häufig deutlich emphatischer sind als wir selbst und deren Zukunft noch vor ihnen liegt?

> Ein Mensch in der Demokratischen Republik Kongo verursacht 0,03 Tonnen CO_2 pro Jahr. Ein Mensch in Deutschland 7,7 Tonnen, also 250-mal so viel pro Kopf. Ein Grund dafür: Wer reicher ist, kann auch mehr verbrauchen.

Sind wir abgestumpft und Meister:innen im Verdrängen?

Selbst wenn in den Nachrichten gezeigt wird, dass ganz in unserer Nähe, im Ahrtal oder in Bayern, Häuser wegschwimmen und Menschen sterben, wenn wir in unserer Umgebung ausgetrocknete Flüsse sehen, selbst dann wird ein Zusammenhang mit dem Klimawandel von vielen Menschen noch geleugnet oder mindestens verdrängt.

So kutschieren wir hier weiter fröhlich mit unseren SUVs unsere kleinen Kinder zur Schule, die noch ruhig im Fond sitzen und nicht ahnen, dass sie die Ignoranz ihrer Eltern später bitter bezahlen müssen.

Wenn im Februar schon die Forsythien blühen, dann beschleicht mich ein komisches Gefühl: »Das ist doch viel zu früh!« Oder wenn im Winter in Thailand oder Marokko das Thermometer auf 37 oder sogar auf über 40 Grad steigt. Wenn Flüsse und Seen austrocknen. Unglaublich, dass der Gardasee Wasser verliert, in Frankreich im Sommer die Gärten draußen nicht mehr gesprengt werden dürfen, in Teilen Spaniens schon im März der Dürrenotstand ausgerufen wird und Schilder angebracht werden mit der Aufschrift: »Wasser fällt nicht mehr vom Himmel.« Wie soll dann erst der Sommer werden? Es ist verdammt nah und es ist real.

Was beschäftigt Kinder und Jugendliche?

Fast alle Kinder und Jugendlichen haben schon vom Klimawandel gehört. Viele wissen mehr darüber als die meisten Erwachsenen. Sie wissen, dass es sie selbst in ganz anderer Weise betreffen wird, und stellen sich vor, was mit ihnen und der Welt passiert, wenn es so weitergeht:

> »Ich hab manchmal Angst, dass die Bäume absterben und die Autos immer mehr werden, dann hab ich Angst, dass Köln irgendwann so aussieht, als würde es komplett aus Stein bestehen.« (Paulina, 10 Jahre)
>
> »Ich hab Sorge, dass irgendwann, wenn ich z. B. Kinder habe, die dann nicht gut leben können, weil es so heiß wird, weil wir Menschen das Klima einfach richtig blöd behandeln und deshalb war ich auch auf so `ner Demo Wir schützen das Klima.« (Mieke, 10 Jahre)

Die 17-jährige Lisa engagiert sich bei Fridays for Future. Die Tatsache, dass Wissenschaftler seit Jahren so klar vor den Gefahren warnen und dass Demos auch etwas bewirken, hat sie überzeugt, mitzumachen und sich zu engagieren. Ihr ist klar geworden, dass man schon jetzt handeln muss, obwohl viele der Folgen unseres jetzigen Lebensstils erst später sichtbar werden:

> »Mir macht Angst, dass wir es nicht schaffen, die Folgen zu begrenzen, dass es in 10 bis 20 Jahren katastrophal zugehen wird ... Die Nachrichten sind jetzt schon so von Leid geprägt und so viel Leiden findet kein Gehör. Es sind einerseits persönliche Ängste, die mich und meine Familie betreffen oder dass ein Hurricane oder eine Überschwemmung uns direkt betrifft, zum anderen aber auch dieses Artensterben, diese Flüchtlingswellen, die dadurch entstehen werden, also es werden sicher ganz viele Menschen gezwungen, ihre Heimat zu verlassen. Ich hab Angst, dass ich

eines Tages überfordert sein werde mit der Situation, mit dem Klimawandel und den Folgen des Klimawandels. Davor habe ich insgesamt am meisten Angst.« (Lisa, 17, engagiert sich bei Fridays for Future)

»Mit welchem Gefühl blicken Sie auf die Zukunft der Welt?«, habe ich Jugendliche gefragt. Drei Viertel der Jugendlichen haben Sorgen über den Klimawandel benannt. Die 16-jährige Dora sorgt sich, weil es sehr nah kommt:

»Gerade aktuelle Probleme wie Kriege und Klimawandel finde ich manchmal bedrückend.« Und warum? »Klimawandel beschäftigt mich, weil man es selbst miterlebt, wie beispielsweise Überflutungen und Unwetter in der Nähe.« (Doro, 16)

Einige beobachten, dass zu wenig gegen den Klimawandel unternommen wird. Sybel formuliert es so:

»Kein gutes Gefühl, da es zurzeit zu viele Probleme gibt, gegen die nichts gemacht wird, wie z. B. Klimawandel.« Warum? »Weil der Planet wichtig ist und wir keinen anderen haben. Menschen kommen nicht mehr voran.« (Sybel, 16 Jahre)

Thea und Isabel haben Angst vor der Achtlosigkeit der Menschen mit ihrer Umwelt:

»Die Zukunft der Welt macht mir auch Angst, weil immer mehr Tiere aussterben, es mehr und mehr Umweltverschmutzung gibt und viele Menschen nur noch auf sich selbst achten. Politisch bin ich angespannt und hoffe, es wird besser werden.« (Thea, 17 Jahre)

»Der Klimawandel und warum wir nichts dagegen tun … Viele weigern sich, die Schäden anderer Generationen zu reparieren.« (Isabel, 16 Jahre)

Mia formuliert ihr mulmiges Gefühl mit Blick auf die Zukunft:

»Der Klimawandel ist äußerst erschreckend und die kommenden Katastrophen möchte ich mir ungern ausmalen.« (Mia, 16 Jahre)

Theresa benennt die Sorge ganz plastisch:

»Ein bisschen ängstlich wegen dem Klimawandel und der Wirtschaft.« Warum? »Klimawandel, da ich nicht will, dass unserer Erde zu einem Feuerball wird und das Leben vieler Tiere zerstört wird.« (Theresa, 16 Jahre)

Eine weitere Frage, die ich den Jugendlichen gestellt habe: Über welche gesellschaftlichen Themen machen Sie sich besonders Sorgen? (Klimawandel, Krieg, Rechtsruck in der Gesellschaft, Pandemien?) Auch hier wurde oft der Klimawandel genannt.

Greg und auch Joshua nennen die Ungewissheiten, die mit dem sich wandelnden Klima verbunden sind:

»Klimawandel auf jeden Fall, weil ich nicht abschätzen kann, wie extrem die Temperaturen noch steigen/sinken.« (Greg, 16 Jahre)

»Ich mache mir besonders über den Klimawandel und den Krieg Sorgen, weil besonders diese beiden Aspekte das Leben gewaltig ändern können.« (Joshua, 17 Jahre)

Forscherinnen und Forscher der englischen Universität Bath haben gemeinsam mit fünf anderen Universitäten und der Kampagnen- und Forschungsgruppe Avaaz 10.000 Kinder und Jugendliche aus insgesamt 10 Ländern befragt.[10] Sie wollten herausfinden, was Jugendliche zwischen 16 und 25 Jahren über den Klimawandel und die Verantwortung der Politikerinnen und Politiker denken und empfinden.

Die Ergebnisse sind deutlich: 60 % der Jugendlichen sind beunruhigt beziehungsweise extrem beunruhigt durch den Klimawandel. Fast die Hälfte sagt, dass Gefühle wegen des Klimas ihr tägliches Leben beeinflussen. Drei Viertel empfinden die Zukunft als beängstigend. 56 % sagen, die Menschheit sei verloren. Zwei Drittel gaben an, sich traurig und ängstlich zu fühlen. Viele empfinden Angst, Wut, Verzweiflung, Trauer und Scham – aber auch Hoffnung. Und sie sehen einen deutlichen Unterschied zur Generation ihrer Eltern.

> Ein 16-Jähriger dazu: »Bei jungen Menschen ist das anders – für uns ist die Zerstörung des Planeten eine persönliche Angelegenheit.«

Viele junge Menschen fühlen sich von Politikern und Erwachsenen betrogen, ignoriert und im Stich gelassen. Die Autorinnen und Autoren der Studie sagen, die Jugend sei verwirrt über die Untätigkeit der Regierungen.

Die 17-jährige Thea, die ich befragt habe, beobachtet ganz konkret die Widersprüche zwischen öffentlichen Äußerungen und der praktischen Umsetzung:

> »In Bezug auf den Klimawandel finde ich auffallend, dass gesagt wird, dass man weniger Plastik verwenden soll, aber man kann vieles gar nicht anders verpackt kaufen. Da muss sich dringend etwas ändern.« (Thea, 17 Jahre)

Ein weiteres Ergebnis der Studie betrifft die Zukunftspläne der jungen Generation: Vier von zehn der Befragten zögerten bei der Frage, später einmal Kinder haben zu wollen. Dass das ein Thema ist, bestätigt auch ein Bericht des Bundesinstituts für Bevölkerungsschutz und der Universität Stockholm.

In Deutschland ist die Geburtenrate in den vergangenen zwei Jahren deutlich zurückgegangen, meldet das Bundesinstitut für Bevölkerungsforschung (BIB) am 20. März 2024 in einer Pressemitteilung.[11] Sie fiel von 1,57 Kindern pro Frau im Jahr 2021 auf 1,36 Kinder pro Frau im Herbst 2023. Die Autoren und Autorinnen der Studie führen diese Entwicklung auf die unterschiedlichen Krisen zurück:

»Der Krieg in der Ukraine, die gestiegene Inflation oder auch der fortschreitende Klimawandel haben die Menschen zusätzlich zur Pandemie verunsichert. In einer solchen Zeit multipler Krisen setzten viele ihren Kinderwunsch nicht um«, vermutet der Mitverfasser der Studie Prof. Dr. Martin Bujard vom BiB.

»Regierungen müssen auf die Wissenschaft hören und dürfen junge Menschen, die Angst haben, nicht pathologisieren«, so das Statement der Hauptautorin der Bath-Studie, Caroline Hickmann, gegenüber der BBC.[12]

Die Autoren des Berichts stellen fest, dass die Angst in denjenigen Ländern am größten zu sein scheint, in denen die staatliche Klimapolitik als am schwächsten gilt.

Die größte Sorge herrsche im globalen Süden. Betrachtet man nur die »reicheren« Länder, so waren die Jugendlichen aus Portugal am meisten beunruhigt, weil die Folgen der ansteigenden Temperaturen durch die zahlreichen Waldbrände ganz unmittelbar zu spüren waren.

Tom Burke vom Think Tank e3g sagte gegenüber BBC News: »Es ist vernünftig, dass junge Menschen besorgt sind. Sie lesen nicht nur in den Medien über den Klimawandel – sie beobachten ihn vor ihren eigenen Augen.«

Ein Zitat aus der Studie:

»Ich möchte nicht sterben, aber ich möchte auch nicht in einer Welt leben, in der Kinder und Tiere egal sind.«

Andere Studien, wie etwa die Tui-Studie von 2022[13], kommen zu demselben Ergebnis wie die Universität Bath. Im Auftrag der Tui-Stiftung wurden 6000 16- bis 26-jährige Europäerinnen und Europäer gefragt, wie sie über die Weltkrisen denken.

Am allerwichtigsten fanden die jungen Leute den Umwelt- und Klimaschutz neben Migration und Asyl (30 %). Um Fortschritte in diesen Bereichen zu erzielen, waren 71 % der Meinung, dass man kompromissbereit und pragmatisch vorgehen muss. Die Forschenden schließen daraus, dass die junge Generation sich durchaus der Zielkonflikte in Klima- und Energiefragen bewusst sei. 66 % der

Befragten begriffen Maßnahmen gegen den Klimawandel als »Sicherung zukünftiger Freiheit«.

Was kann die Entwicklung des Klimas für die Kinder und Jugendlichen bedeuten?

Die Autorinnen und Autoren der Bath-Studie fanden heraus, dass Umweltängste »eine große Zahl junger Menschen zutiefst beeinträchtigen«. Chronischer Stress aufgrund des Klimawandels erhöhe das Risiko für psychische und physische Probleme. Wenn sich Unwetterereignisse verschlimmerten, würde das Auswirkungen auf die psychische Gesundheit der jungen Menschen haben.

Als ich vor Kurzem in einer Sendung zum Thema »Zukunftsangst der Jugendlichen« eingeladen war, schrieb eine Hörerin an die Redaktion, dass man endlich mit dem »Gejammere« aufhören soll. »Ja«, kann ich nur sagen, das wäre schön, aber was dann? Wegschauen? Oder die Angst als übertrieben, als Problem der gebildeten Studentinnen aus besseren Kreisen abtun? Nicht wirklich. Klimaangst ist keine Einbildung und Klagen darüber sind weder Selbstzweck noch künstlich herbeigeführt. Klimaangst ist eine Realangst. Und man kann nicht genug darauf aufmerksam machen, dass es Zeit wird, etwas gegen den Klimawandel zu unternehmen.

Die Psychotherapeutin Verena Kast schreibt in der Neuausgabe ihres Buches *Vom Sinn der Angst*: »So zeigt uns die Klimaangst, dass unser Klima wirklich bedroht ist, dass wir Abhilfe schaffen müssen – miteinander.«[14] Also ist diese Angst durchaus sinnvoll, sie hat etwas Konstruktives, wenn wir uns ihr stellen.

Der Kindergesundheitsbericht der Stiftung Kindergesundheit 2023 führt Daten aus Studien der vergangenen Jahre und Expertisen von Forscherinnen und Forschern, die Einblicke in ihr Fachgebiet geben, zusammen. Eine Erkenntnis: Der Klimawandel bedroht zunehmend die physische und psychische Gesundheit – insbesondere von Heranwachsenden.[15]

Dr. Ernst Dietrich Munz, der Präsident der Psychotherapeutenkammer, stellt im Kindergesundheitsbericht 2023[16] ebenfalls klar, dass die Klimaangst keine psychische Störung ist. Eine wichtige

Erkenntnis. Im Gegenteil ist die Angst vor dem Klimawandel »eine angemessene Reaktion auf die konkrete Bedrohung durch den Klimawandel.« Bedroht ist sowohl die körperliche als auch die seelische Gesundheit der Jugendlichen. Die Angst der Jugendlichen äußere sich in »Emotionen wie Wut, Ohnmacht, Hoffnungslosigkeit, Trauer oder Schuld«.

Was mit Schuld und Ohnmacht gemeint ist, spricht ein Jugendlicher aus, der für die Bath-Studie interviewt wurde:

»Ich fühle mich machtlos, aber trotzdem, als würde es an mir liegen. Als wäre ich Teil des Grundes, weshalb die Welt untergeht, aber nicht in der Lage, etwas dagegen zu tun.«[17]

Wenn Gefühle wie Ohnmacht und Hoffnungslosigkeit anhalten, kann das massive Auswirkungen auf die psychische Gesundheit haben. Manche Menschen werden zunächst sehr traurig, sie können nicht mehr gut schlafen und verfallen in Depressionen. Das bedeutet, sie haben zu nichts mehr Lust, vielleicht nicht mal mehr dazu, morgens aufzustehen. Sie sehen keinen Sinn mehr darin.

Es ist wichtig, sich klarzumachen: Was den Klimawandel angeht, so sind die Jugendlichen keine Patientinnen oder Patienten. Sie reagieren angemessen auf eine kranke und krankmachende Situation. Behandelt werden muss der Planet: Der Klimawandel und seine gesamtgesellschaftlichen Folgen müssen eingedämmt werden. Klimaangst kann dabei im Gegenteil sogar hilfreich sein. Sie kann »neben anderen Faktoren ein wichtiger Antrieb sein«, so Munz und viele andere. Ein Antrieb, etwas zu tun.

Und der Körper – was sagen die Medizinerinnen?

Körperliche Belastungen wie Allergien aufgrund schlechterer Luftqualität können ebenfalls eine Folge sein. Und natürlich wirken sich seelische Belastungen ebenfalls auf den Körper aus. Kopfschmerzen, Bauchschmerzen, Rückenbeschwerden, Schlafstörungen können Konsequenzen von Ängsten sein.

Kinder haben ein Recht auf eine saubere Umwelt

Dabei ist es eigentlich klar:
Kinder haben ein »Recht auf eine saubere, gesunde und nachhaltige Umwelt«. Im September 2023 stellte der Kinderrechteausschuss der Vereinten Nationen in Genf genau das unmissverständlich in den neuen Leitlinien der Kinderrechtskonvention klar.[18] In diesen Leitlinien werden Staaten und Unternehmen aufgefordert, »entschiedenere Maßnahmen gegen den Klimawandel und die Umweltverschmutzung zu ergreifen.«

Joshua Hofert, der Vorstandssprecher von »Terre des Hommes« Deutschland, sagt dazu in seiner Rede: »Heute ist ein guter Tag für Kinder weltweit – und für den Planeten. Mit dem Recht auf eine gesunde Umwelt hat der Kinderrechteausschuss heute sehr deutlich gemacht: Wer Klima- und Umweltschäden verursacht, verstößt gegen die Kinderrechte. Staaten müssen den Kindern zuhören und sie dürfen nicht länger Entscheidungen auf ihre Kosten treffen.«[19]

Ein bemerkenswertes Urteil fällte eine Richterin in den USA im Bundesstaat Montana. Dort erstritten 16 Jugendliche ihr Recht auf eine gesunde Umwelt. Bezirksrichterin Kathy Seely urteilte, dass es verfassungswidrig sei, wenn Behörden bei der Entscheidung über Erdöl- oder Erdgasprojekte die Folgen für das Klima nicht berücksichtigen würden.

Montana gehört zu den wenigen US-Bundesstaaten, die das Recht auf eine saubere Umwelt in der Verfassung verankert haben. Dabei ist der konservative Bundesstaat fossilen Brennstoffen gegenüber sehr freundlich eingestellt.

Die Umweltaktivisten und -aktivistinnen warfen dem Bundesstaat vor, Kinder und Jugendliche seien besonders betroffen von den schädlichen Auswirkungen der Verbrennung fossiler Brennstoffe. Mithilfe von Sachverständigen und Gutachten versuchten sie zu beweisen, dass die Erderwärmung eine direkte Folge von Treibhausgasemissionen ist.

»Es macht mir wirklich Angst, das, was mir am Herzen liegt, vor meinen Augen verschwinden zu sehen«, erklärte Klägerin Sariel Sandoval im Fernsehsender CNN. Sie habe das Gefühl, dass der Bundesstaat Profit über das Wohlergehen der Menschen stelle. »Obwohl sie genau wissen, dass es sichtbare Schäden gibt – für das Land und die Menschen. Und dass sie es wichtiger finden, Geld zu machen, als sich um die Bevölkerung von Montana zu kümmern.«[20]

> *Was können wir Erwachsenen tun?*
> Für uns heißt das, dass wir unsere Kinder mit ihrer berechtigten Sorge ernst nehmen und gemeinsam mit ihnen überlegen, was wir in unserem persönlichen Umfeld Positives für das Klima tun können. Nicht in einer Entweder-oder-Logik, also nicht mit einem 100-Prozent-Anspruch, sondern schauen, was geht und was möglich ist. Das zeigt ihnen, dass wir uns mit verantwortlich fühlen und sie nicht allein sind in ihrem Bemühen, etwas gegen den Klimawandel zu tun.

Angst vor Demokratie-Verlust

»Glaubst du, dass ich ausgewiesen werde?«, wurde eine Freundin vor Kurzem von einem 10-jährigen algerischen Jungen gefragt. Dieser Junge ist nicht der Einzige, der sich Sorgen macht, seit die Recherche-Plattform Correctiv Pläne von Rechtsextremisten offengelegt hat, in denen diese überlegt haben, wie alle nicht-deutschstämmigen Menschen aus Deutschland vertrieben werden können. Millionen von Menschen, die hier leben, würde das betreffen. »Remigration« haben sie das Ganze verharmlosend genannt. »Rückwanderung«. Klingt nach selbstbestimmter Rückkehr in das Heimatland, was aber nicht gemeint ist. Menschen, die hier um Asyl bitten, Ausländer mit Bleiberecht und »nichtassimilierte Staatsbürger«, also Menschen, die »man« für nicht integriert hält, sollten Deutschland verlassen. Auf sie soll Druck ausgeübt werden.[21] Und das hat Wellen geschlagen. Auch bei den Kindern.

> »Ich hab Angst vor der AFD. Weil mein Vater ja ganz früher aus der Türkei gekommen ist und dann muss er zurück, wenn die gewählt werden.« (Serdar, 9 Jahre)

Serdar ist mit seiner Angst nicht allein. Diese Pläne über Massenausweisungen belasten Kinder und Jugendliche in Deutschland stark. 2000 Kinder und Jugendliche im Alter von 12 bis 25 Jahren wurden, kurz nachdem die Inhalte des »Potsdamer Geheimtreffens« in den Medien standen, im Auftrag der Körber-Stiftung befragt.[22] 75 % von ihnen wussten von dem Treffen. 58 % von ihnen äußerten sich besorgt, dass sie selbst oder jemand, den sie kennen, von diesen Plänen der »Remigration« betroffen sein könnten. Die Forschenden haben auch gefragt, welche Gefühle diese Nachricht bei ihnen auslöst. Das Ergebnis: vor allem Wut, Traurigkeit und Angst.

»Es gibt Menschen, die keine Ausländer mögen, aber warum denn eigentlich? Ich bin Ausländerin«, fragt die 9-jährige Amal aus Syrien.

Wie fühlt sich ein Kind, das aus Syrien hierhergekommen ist, mit seinen Eltern vor Krieg und Terror geflohen ist und nun hier nicht gewollt ist, obwohl es doch gar nichts gemacht hat, außer im »falschen« Teil der Erde geboren zu sein. Wie würden Sie sich fühlen? Über die Straße zu gehen, in die Schule, in den Kindergarten und immer damit rechnen zu müssen, angefeindet zu werden, ohne dass man etwas verbrochen hat. Das macht mindestens traurig und natürlich auch wütend und sehr ängstlich.

Was es bedeutet, in einem Klima des Herabwürdigens, der Einschüchterung, des Angstmachens zu leben, hat der 16-jährige Sven auf den Punkt gebracht, und auch er ist nicht der Einzige, der so empfindet:

»Ich blicke mit gemischten Gefühlen in die Zukunft, politisch wie auch gesellschaftlich. Die Gesellschaft ist relativ gespalten (zumindest wird das in den Medien so dargestellt). Politisch erleben wir einen enormen Rechtsruck und es scheint, als hätten die Leute unsere Vergangenheit vergessen.«

Angst vor Fremden

Und dann gibt es auch das Gegenteil. Jugendliche, die äußern, dass sie Angst vor dem »Ausländeranstieg« haben. Für nicht wenige ist das die größte Angst überhaupt:

Jannick hat das Gefühl, dass mit den Migranten die Kriminalität zunimmt und der Staat ihr nicht entschieden genug entgegengeht:

> »Ich mache mir Sorgen über den Ausländeranstieg, weil sie kriminell sind, also ein Teil jedenfalls, und häufig nicht die richtige Strafe kriegen.« (Jannick, 16 Jahre)

Dennis fürchtet, dass die Werte der Menschen, die hierherkommen, zum Problem werden könnten, da sie sich von den Werten der Deutschen unterscheiden:

> »Ich mache mir Sorgen über die ganzen Ausländer, welche im Überschuss aufgenommen werden. Weil oftmals Ausländer aus dem Nahen Osten andere Prinzipien vertreten oder nach anderen Religionen leben. Das erschwert ein Zusammenleben, da sie einen anderen Blick auf die Welt haben.« (Dennis, 17 Jahre)

Nach der Europawahl 2024, in der zum ersten Mal 16-Jährige wählen durften, waren manche erstaunt darüber, dass 16 % von ihnen rechts gewählt haben. Eine junge Erstwählerin erklärte das am Tag darauf in den Tagesthemen so:

> »Man wird belästigt von Ausländern, man wird dumm angeguckt, man wird verfolgt ... man schreit nach dir, das ist ganz unangenehm.«[23]

Welche Ängste sind das?

Jannick sieht Ausländer als Bedrohung, viele von ihnen machten hier, was sie wollen, und noch nicht mal mehr die Polizei und die Gerichte würden mit ihnen fertig. Man sei nicht geschützt.

Dennis beschreibt die Angst vor dem Fremden, vor dem anderen, davor, dass man mit einer Kultur konfrontiert ist, die nicht die eigene ist, und davor, dass die Werte derjenigen, die kommen, nicht zu den eigenen passen. Dieses Fremde könnte so groß werden und einen vielleicht überrollen und stärker werden als das eigene. Eigene Werte könnten auf der Strecke bleiben, nicht mehr vorkommen. Man wäre nicht mehr man selbst.

Und Lucia spricht über das Gefühl, nicht mehr entspannt durch die Straßen gehen zu können: belästigt und verfolgt zu werden. Man wird nicht in Ruhe gelassen, ist nicht mehr Frau seiner selbst. Solche Erlebnisse sind maximal unangenehm und bedrohlich.

Ich habe mit Kindern über die Frage gesprochen, die die 9-jährige Amal aus Syrien an die WDR-Kinderradio-Reihe Herzfunk geschickt hat: »Warum mögen manche Menschen keine Ausländer?« Die Kinder wussten ziemlich genau, woran es liegt. Der 12-jährige Milan vermutet: »Ich glaube, die wurden einfach so aufgezogen, auch von ihren Eltern.«

»Vielleicht haben die Großeltern oder Eltern denen eingeredet, dass Ausländer schlecht sind, und vielleicht haben die Familien schlechte Erfahrungen gemacht, z. B. mit kriminellen Ausländern«, denkt auch die 12-jährige Mira.

Die Vermutungen von Milan und Mira werden durch die Jugendwahlstudie 2024 bestätigt. In den ostdeutschen Bundesländern sei die Tendenz, sich politisch rechts zu orientieren, von den Eltern vererbt, sagt der Studienleiter Rüdiger Maas in einem Interview. Bei 61 % der jungen AfD-Wählerinnen und Wähler würden die Eltern dieselbe Partei wählen.[24]

Ella hat noch eine weitere Erklärung:

»Ich glaube, die wurden in der Schule auch von Ausländern gemobbt und deswegen mögen sie die nicht, weil die ein schlechtes Bild von denen haben.«

Was sich aus schlechten Erfahrungen dann ergibt, hat Sybel, 16 Jahre, beobachtet:

»Ich bin ja selbst nicht aus Deutschland, ich bin auch Ausländerin ... Was ich sagen kann: Jeder denkt, dass jeder Ausländer so wäre. Nur weil ein paar Ausländer irgendwie kriminell sind, dann denken die, dass alle anderen auch kriminell sind.«

Schlechte Erfahrungen werden verallgemeinert: »Alle Ausländer sind so.« Kinder und Jugendliche möchten sich sicher und vertraut fühlen. Das, so ist die Schlussfolgerung für manche, geht nur, wenn das Fremde weg ist.

All diese Ängste sind aber auch verständlich und ernst zu nehmen. Wie können wir damit umgehen? Es geht auch um die folgende Frage: Wie kann es gelingen, dass klar ist, dass Menschen, die hier leben, sich an das Grundgesetz halten müssen? Und wie kann man das durchsetzen?

Was können wir Erwachsenen tun?
Wir können Kinder und Jugendliche auffordern, differenziert hinzuschauen und wir können es ihnen vorleben. Wir können immer wieder mit ihnen darüber diskutieren und persönliche, gute Kontakte und Begegnungen suchen. Wer genau hinschaut, wird feststellen, dass nicht alle »Ausländer« gleich sind. Er und sie werden sehen, dass die allermeisten Menschen viel mit ihnen gemeinsam haben und hier einen sicheren Ort suchen. Auch hilfreich ist, zu erklären, dass es viele »Ausländer und Ausländerinnen« gibt, die in Deutschland einen wichtigen Beitrag für die Gesellschaft leisten, als Pflegekräfte, Restaurantbetreiber, Servicepersonal, als Künstlerinnen und Künstler, als Ärztinnen und Ärzte, als Ingenieure und Ingenieurinnen.

> Dann werden Menschen nicht mehr danach beurteilt, wo sie oder ihre Vorfahren herkommen, sondern danach, wie sie sind, als Menschen.

Angst, nicht genug Geld zur Verfügung zu haben

Die Jugendlichen machen sich viele Gedanken, womit die Probleme, die sie wahrnehmen, zusammenhängen, und wie sie persönlich davon betroffen sind. Die Ergebnisse der Studie »Jugend in Deutschland 2024«[25], durchgeführt von Jugendforscher Simon Schnetzer, begleitet von den Soziologen Klaus Hurrelmann und Kilian Hampel, sind in diesem Zusammenhang besorgniserregend.

Die Forschenden befragten Anfang 2024 eine Gruppe von 14- bis 29-Jährigen. Laut dieser Studie ist die größte Sorge die Angst vor der Inflation. Danach kommt der Krieg in Nahost, teurer Wohnraum, Polarisierung der Gesellschaft und Klimawandel, der in dieser Studie 49 % der Befragten große Sorgen macht. In der Shell-Studie 2024 sind es 63 %, die sich sehr über den Klimawandel sorgen.

Wie beantworten Jugendliche sich die Frage, woran die Inflation, der knappe Wohnraum und die Spaltung der Gesellschaft, die zum Teil unversöhnlich erscheinenden Meinungen liegen? Die Antwort auf die Frage kann man an den politischen Präferenzen der jungen Leute erkennen. 22 % der unter 30-Jährigen gaben an, dass sie eine rechtsgerichtete Partei wählen würden. Was sich psychologisch in dieser Entwicklung zeigt: Je größer die Ohnmacht, desto eher die Tendenz zu autoritären Parteien. Es besteht die surreale Hoffnung, sie würden es richten.

Beim Thema Inflation und Spaltung der Gesellschaft wird es persönlich. Es geht um das Geld in der eigenen Tasche, die Wohnsituation, die Menschen um einen herum, die entweder radikal für oder radikal gegen etwas sind. Ich habe 19 Jugendliche zwischen 16 und 17 Jahren (9 weiblich, 10 männlich) gefragt, mit welchem Gefühl sie auf ihre persönliche Zukunft schauen. Das Ergebnis dieser nicht-repräsentativen Befragung: Auch Jugendliche, die die Entwicklung der Welt kritisch sehen, blicken durchaus zuversichtlich in ihre persönliche Zukunft (7 Jugendliche). 4 Jugendliche äußern sich negativ, die meisten sehen ihre persönliche Zukunft differenziert und äußern sich ambivalent (8 Jugendliche). Sie spüren einerseits die Sorge, finanziell den Gürtel enger schnallen zu müssen, gleichzeitig gibt es aber eine Hoffnung, dass sie es aus eigener Kraft irgendwie schaffen werden, ihre Existenz zu sichern.

»Auf der einen Seite freue ich mich auf meine Zukunft, aber auf der anderen Seite macht sie mir auch Angst. Ich werde immer älter, es vergeht immer mehr Zeit und die Zukunftsentscheidungen kommen immer näher.« (Lina, 17 Jahre alt)

»Ich spüre Zuversicht und Angst in meiner persönlichen Zukunft. Ich will im Berufsleben erfolgreich werden mich und als Person zur besten Person, die ich sein kann, weiterentwickeln.« (Emil, 16 Jahre)

»Zum Großteil Vorfreude, aber auch Nervosität und Angst, ob die Zukunft so wird, wie ich möchte.« (Jenny, 17 Jahre)

Eine Jugendliche fasst ihre Gefühle zusammen:

»Aufregung, Angst, Vorsicht, Unsicherheit, Vorfreude auf Neues.«

Die Angst bezieht sich auf die Sorge, nicht das machen zu können, was man möchte, nicht erfolgreich im Beruf zu sein, aber auch die Eltern enttäuschen zu können, wird als Sorge genannt.

Was können wir Erwachsenen tun?
Eltern können die Jugendlichen ermutigen und mit ihnen gemeinsam überlegen, was sie gut können, und ihnen ganz klar zeigen, dass sie an sie glauben. Etwa indem sie an Situationen erinnern, in denen sie in der Vergangenheit schon Schwierigkeiten gemeistert haben oder indem sie sie an ihre Stärken und Fähigkeiten erinnern. Sie können ihnen zeigen,

> dass kleine Schritte zum Ziel führen: Eine Reise von 1000 Meilen beginnt mit dem ersten Schritt.

Angst vor Krieg

Als ich Mitte 20 war, haben wir mit unserer Band *Eve's Crime* im Kölner Stollwerk als Protest gegen den Irak-Krieg gespielt. »Kein Blut für Öl« hieß der Slogan, unter dem Konzerte, Demonstrationen und Diskussionen stattfanden. Wir sind auf die große Friedensdemo in Bonn gefahren und haben dort mit hunderttausend anderen protestiert. Es war ein schönes Gefühl, zusammen gegen den Krieg und für den Frieden und vor allem für »Frieden schaffen ohne Waffen« – der Slogan der Friedensbewegung – zu sein. Aber es war nicht so, dass ich nachts nicht schlafen konnte, weil das alles zu nah für mich war. Es war – gefühlt – weit genug weg. Halt im Irak.

Das, was die Jugendlichen heute erleben, ist nicht mehr so weit weg. Es gibt Klimawandel vor der Haustür und Krieg in Europa.

Ein möglicher Krieg auch bei uns ist durch den Ausbruch des Ukraine-Krieges und auch durch den Konflikt im Gazastreifen in den Köpfen der jungen Menschen präsent und gehört zu den größten Sorgen, die die Jugendlichen haben. In der Shell-Studie 2024 sind es 81 %, die Angst vor einem Krieg haben. In der TUI-Studie von 2022[26], die kurz nach dem Überfall Russlands auf die Ukraine erhoben wurde, wurden 16- bis 26-jährige Europäerinnen und Europäer gefragt, wie sie über die »Weltkrisen« denken. Ein Ergebnis: Jugendliche, vor allem aus Polen, Deutschland, Italien und Griechenland empfinden den Überfall auf die Ukraine als persönliche Bedrohung. Das heißt, die Angst, dass es auch Krieg in einem Land, das der EU angehört, geben könnte, hat zugenommen. Fast die Hälfte der Befragten halten demnach einen Krieg in einem EU-Mitgliedsland in den nächsten zehn Jahren für möglich. Über 60 % der 6.000 Befragten sehen den Krieg als eine »Zeitenwende«. Ein Wort, das auch Olaf Scholz benutzt hat, um zu beschreiben, dass ein neues Zeitalter anfängt. Das heißt, große Veränderungen finden statt. Wir müssen umdenken. Die Hoffnung, die aus dem

Konzept »Wandel durch Handel« entsprungen war, die Annäherung von politischen Systemen durch Wirtschaftsbeziehungen, hat sich nicht erfüllt. Im Gegenteil haben Deutschland und andere Länder erlebt, dass der Handel sie in eine Abhängigkeit führt, die in Zeiten des Krieges katastrophale Auswirkungen hat.

Für mein Kinderbuch *Wann ist endlich Frieden?* habe ich mit vielen Kindern und Jugendlichen gesprochen und sie gefragt, was sie mitbekommen vom Krieg, was sie wissen möchten, was sie bewegt, was sie ängstigt.

Viele Eltern haben den sehr verständlichen Wunsch, ihre Kinder gerne vor solchen Themen schützen zu wollen und sie unbeschwert groß werden zu lassen. Aber das geht nicht.

Die Kinder bekommen sowieso ganz viel mit. Sie hören die Erwachsenen über den Krieg sprechen, spüren deren Unruhe, lernen Kinder, die geflohen sind, in der Schule oder im Kindergarten kennen, hören Nachrichten, sehen sie auf Screens im Bus oder auf Social-Media-Kanälen in ihrem Handy. Darüber kommen Bilder zu ihnen ins Kinderzimmer, die zutiefst verstörend und ängstigend sind. Zerbombte Häuser, Leichen in den Straßen, verzweifelte Kinder, die alles verloren haben. Was das auslöst, ist mehr als verstehbar. Natürlich fragen sie sich, was das alles für sie selbst bedeutet: »Kommt der Krieg auch zu uns nach Schweinfurt?«, fragte mich ein Junge in einer Hörfunksendung des Bayrischen Rundfunks. Kinder haben viele Fragen: »Was passiert mit den Kindern dort in den Kriegsgebieten, wenn sie alles verlieren?« Und sie sind entsetzt: »Warum machen Menschen das?«, »Warum tun Menschen anderen Menschen so etwas an?«

Ich habe unter anderem Grundschulkinder nach ihren Ängsten gefragt. Der neunjährige Theo erklärt sie so:

> »Ich hab Angst vor Krieg, weil da sterben Menschen ... man weiß nicht, was man machen soll. Man hat einfach 'ne riesige Angst und da kann man ja erstmal nicht so schnell flüchten.«
> (Theo, 9 Jahre)

Angst vor Krieg kennt auch Paulina:

»Als ich in der ersten Klasse war, da hatte ich auch Angst, dass, wenn ich jetzt groß bin, dass Krieg ist und ja, dass ich sterbe. Darum hatte ich Angst vor der Zukunft.« (Paulina 10 Jahre)

Oskar hat mit seiner Familie über die Frage gesprochen, ob der Krieg auch zu uns kommt:

»Also ich denk manchmal über den Krieg nach. Dass er uns auch mal betrifft. Aber dann denk ich mir immer: Wir sind in der NATO. Und dann, wenn uns jemand angreift, dann ist halt das Land, das uns angreift, nicht so beschützt wie wir. Das haben mir mein großer Bruder und meine Eltern erzählt.« (Oskar, 9 Jahre)

Auch die 10-jährige Maronna beschäftigt sich mit dem Gedanken, was ist, wenn in ihrem Herkunftsland Krieg ausbricht:

»Was wird mit unserem Land passieren, wenn Krieg ist? Zum Beispiel Marokko, da komm ich her, und ich hab Angst, wenn es da passiert.« (Maronna, 10 Jahre)

Lia denkt an die Kinder in den Ländern, in denen Krieg herrscht:

»Die Kinder haben Angst vor Krieg und die Kinder haben auch Angst davor, dass die Eltern im Krieg oder so sterben.« (Lia, 10 Jahre)

Die Sorge vor einer Ausweitung des Krieges, vor dem Einsatz von Atomwaffen und auch davor, selbst an die Front zu müssen, macht einigen Jugendlichen zu schaffen:

»Ich will nicht in den Krieg eingezogen werden. Ich habe keine Lust, an die Front zu gehen.« (Mirek, 16 Jahre)

Auf die Frage, mit welchem Gefühl er auf die Zukunft der Welt schaut, antwortet der 16-jährige Josep:

»Mit einem sehr schlechten, da die heutigen Waffen ausreichen, um die Welt auszulöschen.«

Zu der Frage, warum er sich über gesellschaftliche Themen besonders sorgt, schreibt der 16-jährige Luca:

»Im Krieg könnten weitaus schlimmere Waffen eingesetzt werden, Atomwaffen.«

»Ich denke mal, dass der 3. Weltkrieg nicht weit weg ist mit dem Israel-Iran-, Israel-Palästina-Konflikt. Menschen sterben bzw. Kinder, die unschuldig sind und überhaupt nichts dafür können, dass es Krieg gibt.« (Mehmet, 16 Jahre)

Dass in Europa Krieg ausbrechen würde, das haben selbst erfahrene Politiker und Politikerinnen, Friedens- und Sicherheitsforscherinnen sowie Verteidigungsexperten sich nicht vorstellen können. Mein erwachsener Sohn schrieb fassungslos am Morgen des Überfalls der Russen auf die Ukraine: »Krieg in Europa – unglaublich.«

Was können wir Erwachsenen tun?
Wir können uns das Unfassbare ja selbst nicht erklären, wie können wir es dann unseren Kindern verständlich machen? Das ist eine schwere Frage und gleichzeitig ist es wichtig, dass wir mit den Kindern darüber sprechen. Auch über das Unfassbare, Ängstigende, über Gefühle und Zweifel. Sie liegen sowieso in der Luft. Die Kinder spüren sie, auch unausgesprochen. Sie brauchen, wenn möglich, Antworten. Und vor allem: Die Gedanken und Gefühle brauchen Worte.

Worte helfen, Gefühle zu symbolisieren, und zwar außerhalb von uns selbst. Wir können sie dann anschauen, sie bearbeiten. Sie alle sind berechtigt. Wenn Kinder keine Worte haben, entstehen Fantasien über das, was sie spüren, und die sind häufig schlimmer als ihre momentane Wirklichkeit. Wenn wir – und das gilt nicht nur für Kinder – etwas in Worte fassen können, werden wir sicherer und stärker. Allerdings: Damit ist nicht gemeint, dass jedes Detail in seinen schlimmsten Ausprägungen erzählt werden muss.

Natürlich ist es nicht immer einfach, die Fragen der Kinder ehrlich zu beantworten, und auf manche Fragen haben wir selbst keine Antwort. Aber das können wir dann auch sagen. Es signalisiert den Kindern erst mal, dass sie mit ihren Fragen nicht allein sind und dass ihr Gefühl, ihre Sorgen berechtigt sind. Ein richtiges Gefühl an dieser Stelle. Auf die Suche nach Antworten können wir uns auch gemeinsam mit den Kindern machen. Über Fragen wie »Was ist die Nato?«, »Ist im Krieg alles erlaubt?«, »Was kann man tun, wenn man Angst hat?« kann man sich informieren oder gemeinsam überlegen: Was hat mir schon mal geholfen? Was hat dir schon mal geholfen? Möchtest du mehr Informationen? Sollen wir die Angst malen und dann auch wieder ein Bild, wenn die Sonne wieder scheint? Können wir konkret in unserem Umfeld etwas tun?

Corona und die seelischen Folgen

»Corona hat mein unbeschwertes in der Welt sein erschüttert.« (Arlette, 19 Jahre alt)

Die Folgen der Corona-Pandemie kommen auf all die schon beschriebenen Sorgen noch obendrauf. Jedenfalls die seelischen Folgen für Kinder und Jugendliche. Noch heute ist die Verunsicherung, die von der Pandemie mit all ihren Begleiterscheinungen ausging, deutlich zu spüren.

»73 % der jungen Menschen sind … durch die Einschränkungen während der Pandemie bis heute enorm gestresst«, erklärte die damalige Bundesjugendministerin Lisa Paus auf einer Pressekonferenz zum Thema »Belastungen durch Corona – Kinder und Jugendliche im Blick« im Februar 2023.

»Kinder und Jugendliche sind am schlimmsten betroffen«, wiederholten Medienvertreterinnen und -vertreter, Expertinnen und Experten (mich eingeschlossen) in unzähligen Varianten immer wieder, auch schon während der Pandemie. Doch diese Erkenntnis drang nicht durch. Die Erwachsenen waren so mit sich selbst und ihrer eigenen Angst vor dem unbekannten Virus beschäftigt, dass sie die seelischen und körperlichen Belastungen, denen die Kinder und Jugendlichen ausgesetzt waren, schlichtweg erst mal übersehen haben.

In den ersten Wochen des Lockdowns wurden bislang unvorstellbare und unfassbare Einschränkungen politisch angeordnet, die direkte Auswirkungen auf Kinder und Jugendliche hatten: Schulen wurden geschlossen, Kontakte verboten. Das bedeutete für Kinder und Jugendliche, dass sie keine Gleichaltrigen mehr treffen und sich nicht mit den normalen altersgemäßen Fragen auseinandersetzen konnten: »Ist mein neuer Freund noch mein Freund? Oder schmieden die anderen ohne mich Pläne?« Stattdessen sollten sie ältere Menschen schützen, sich unbedingt von Oma und Opa fernhalten, um sie nicht in Lebensgefahr zu bringen. Das bedeutete: »Wenn du dich falsch verhältst, kannst du eventuell schuld daran sein, wenn deine Oma stirbt.«

Alle Menschen gingen nur noch mit Maske vor die Tür und auch nur, um schnell im Supermarkt etwas einzukaufen. Manche bekamen sogar Angst, nicht genug zu essen zu haben: Die Leute hamsterten Nudeln, Öl und Klopapier (!). Konzerte, Theater, Kino, Vorträge, Sport-Trainings, Spiele, jede Art von Veranstaltungen fielen aus. Kinder durften nicht auf die Straße und nicht auf Spielplätze, sie durften kranke und sterbende Angehörige nicht besuchen. Und als die Schule teilweise wieder stattfand, war die Bedrohungslage für sie allgegenwärtig. In der Schule wurden sie zum Teil täglich getestet und warteten dann angstvoll auf das Testergebnis. Angst davor, von der Klasse isoliert zu werden, Angst davor, »positiv« zu sein und dann möglicherweise »schuld« zu haben, dass andere in Quarantäne mussten.

Ich war zu der Zeit ab und zu in Grundschulen und habe erlebt, dass dort die Corona-Regeln – Maskenpflicht, Testpflicht, Hände waschen – strikter befolgt wurden als in jedem Büro, in dem die Erwachsenen saßen.

»Als wir nach dem Lockdown wieder in die Schule gingen, war es ein bisschen komisch: Man durfte nicht in die Nähe von Freunden, man musste Mundschutz aufziehen in den Pausen, man musste direkt, wenn man reinkam, immer einzeln reingehen und die Hände waschen, und man hat immer so einen Einzelplatz bekommen.« (Clara, 14 Jahre)

Dazu lief im Hinterkopf vieler Kinder ein Szenario ab, wie es wäre, selbst eine todbringende Krankheit zu bekommen, gegen die es kein Mittel gibt.

Ich selbst bin damals morgens aufgewacht und mein Gehirn funkte sofort: »Das kann nicht wahr sein, das darf nicht wahr sein, aber es ist wahr.« Es war so unwirklich. Schon beim ersten Umdrehen fiel mir ein, in welcher Lage sich die Welt gerade befindet, und ich konnte mir nicht ausdenken, wie sie da wieder herauskommt.

Ich zähle das alles nicht auf, um ein Politiker-Bashing dranzuhängen. Mir geht es darum, das, was passiert ist, zu benennen. Nur, wenn wir es in Worte fassen, können wir es anschauen, nur dann können wir es bearbeiten. Nur dann können wir verstehen, was zu tun ist, um die Wunden zu heilen. Und wir können überlegen, was wir daraus für die Zukunft lernen können. Jetzt und heute.

Wenn es einfach über Nacht passieren kann, dass Kinder und Jugendliche ihre Freunde nicht mehr sehen dürfen, dass sie erleben müssen, wie ihre Eltern in existenzielle Not geraten, dass sie, obwohl das für ihre Entwicklung wichtig und angemessen wäre, plötzlich nicht mehr das Haus verlassen dürfen, dass sie Angst haben müssen, an Krankheit oder sogar Tod ihrer Verwandten schuld zu sein, dann ist die Welt aus den Fugen. Alle bisherigen Orientierungspunkte, der regelmäßige Tagesablauf, das Wissen und die Sicherheit, was ungefähr mit einem passiert, wie der Tag laufen wird, fallen weg.

Die Einschränkungen dieser Zeit führten bei manchen Kindern und Jugendlichen zu einem Rückfall in bereits überwunden geglaubte Phasen. In die Praxis kamen Jugendliche, die gerade zarte Freundschaftsbande in der Schule geknüpft hatten und jetzt fürchteten, dass die Freundschaft wieder zerbricht.

Andere, die Halt in sportlichen Aktivitäten, im gemeinsamen Musizieren, in einem klar strukturierten schulischen Alltag hatten, mussten plötzlich ohne ihre gewohnte Tagesstruktur auskommen. Nicht wenige unternahmen den Versuch, ihre Unruhe, ihre Angst, ihre Ohnmacht durch selbstschädigende Maßnahmen zu lösen: Sie begannen ihr Essverhalten auf problematische Weise zu steuern oder fingen an, sich selbst zu verletzen – entweder weil sie dieses Verhalten schon in vorherigen, persönlichen Krisen angewandt hatten oder weil sie es jetzt in ihrer Not neu entdeckt haben. Sie hofften, den Stress und die Verzweiflung, die die Corona-Pandemie auslöste, dadurch in den Griff zu bekommen. Sie sahen, wie die Erwachsenen, ihre bisherigen Säulen, strauchelten, wie niemand wusste, wie es weitergeht, wie lange dieser Zustand dauern würde und wer gegebenenfalls sogar daran sterben würde. Die Erwachsenen hatten selbst wenig Einwirkungsmöglichkeiten auf ihr Schicksal und verloren ihren gewohnten Halt.

»Mir hat Corona auch sehr viel Angst gemacht, weil ich noch kein Corona hatte, und ich dachte, das wird richtig schlimm.« (Alessia, 10 Jahre alt).

Wenn die gewohnte Tagesstruktur wegfällt, wenn in den allermeisten Bereichen plötzlich nichts mehr gilt, was vorher gegolten hat, was dann? Man weiß nicht mehr, woran man sich halten kann, wann was stattfindet, was man jetzt stattdessen tun kann und wie lange das alles dauert. Corona war zunächst eine Vollbremsung. Kinder und auch Erwachsene empfanden Ohnmacht und Hilflosigkeit. Das Gefühl: »Es wird mit mir gemacht – ich habe keinen Einfluss auf mein Leben, ich erlebe mich nicht mehr als selbstwirksam. Ich kann nichts tun«, lag wie Blei auf den Schultern vieler.

Eine Bremse in der körperlichen und sozialen Entwicklung

Kinder und Jugendliche wachsen und entwickeln sich, körperlich und geistig. Sie sind auf dem Weg in die Erwachsenenwelt und müssen wichtige Entwicklungsschritte durchlaufen, um dort gut anzukommen. Die Möglichkeiten, sich zu entwickeln, waren während der Lockdowns massiv eingeschränkt: Turnen, auf dem Spielplatz toben, Sport machen war eine Zeitlang nicht möglich. Sich unterhalten mit Gleichaltrigen, Sprache erlernen durch Begreifen und gefördert werden im Kindergarten fiel lange weg. Erzieherinnen berichteten von massiven körperlichen und sprachlichen Entwicklungsverzögerungen. Viele konnten nicht so gut zu Hause lernen, Lehrerinnen erlebten, dass sich manche Schülerinnen und Schüler im Homeoffice einfach verabschiedet haben, weil sie nicht damit klarkamen, selbstständig zu arbeiten, keine realen Menschen zu sehen und eben auch nicht so gesehen wurden wie im »Real Life«. Und die Lehrkräfte wussten nicht, wie sie sie »bei der Stange« halten sollten. Manche sind zu ihren Schülerinnen und Schülern nach Hause gefahren, haben sie angerufen, spezielle Online-Sprechstunden eingerichtet, um den Kontakt zu halten und auch zu schauen, wie es ihnen geht. Schon zuvor schwer belastete Kinder gerieten häufig auch völlig aus dem Blick der Lehrkräfte und Erzieherinnen.

Jugendliche sind so offen und gleichzeitig so verletzlich

Das Jugendalter ist eine sehr verletzliche, empfindliche Lebensphase. Körper und Seele werden umgebaut. Im Gehirn wird alles neu verkabelt. Die Jugendlichen sind besonders sensibel und sehr darauf angewiesen, sich auszuprobieren und gesehen zu werden. Das ist das Alter, in dem sie in die Welt ziehen, in dem Freunde wichtiger werden als die Eltern, in dem sie sich erproben müssen mit Gleichaltrigen. »Wo könnte mein Platz in der Welt sein?«, »Werde ich gemocht?«, »Gehöre ich dazu?« sind wichtige Fragen, die erforscht und geklärt werden müssen. Stattdessen passierte das Gegenteil: Sie wurden »zurückgeschleudert« in die Familien. »Wo gehst du hin?«, war wieder eine häufige Frage, der sich Jugendliche stellen mussten. Ihr Bewegungsradius wurde massiv eingeschränkt – nicht mit mehreren in den Park, nicht zu Freundinnen oder Freunden nach Hause, nicht ins Kino, nicht ins Schwimmbad.

»Die psychische Belastung bei Jugendlichen hat insbesondere durch die Pandemie zugenommen«, stellen die Autorinnen und Autoren des Kindergesundheitsberichtes 2023 fest.[27] Einige Jugendliche sind gut durch die Pandemie gekommen. Sie haben gelernt, kreativ zu werden, haben erfahren, dass man eine Krise überstehen kann und dass auch Schule eine gute Sache ist. Welche Kinder haben es gut geschafft? Kinder aus stabilen Familienverhältnissen, Kinder aus sozial besser gestellten Familien mit viel Platz zu Hause und wenig Sorgen um die Existenz. Kinder aus Familien, in denen es keine heftigen Streitigkeiten gab und in denen über Bedürfnisse und Ängste gesprochen wurde.

Und für manche, bewusst oder unbewusst, bleibt die Erfahrung, wie schnell ein Lebensgefühl von Unbeschwertheit und Weltoffenheit ausgebremst werden kann. Wie schnell »Alles ist möglich, was kostet die Welt?« umschlagen kann in: »Nichts geht mehr.«

Alles auf einmal

Es sind eine ganze Menge an Nachrichten und Erschütterungen, mit denen Kinder und Jugendliche umgehen mussten und müssen. Was macht das mit ihnen? Forscherinnen und Forscher versuchen herauszufinden, welche Wirkung die eher belastenden Erlebnisse auf die Zukunftsängste und -hoffnungen von Kindern und Jugendlichen haben.

Jeden dritten Jugendlichen besorgen die zurzeit herrschenden Kriege, 47 % sorgen sich über steigende Preise, 58 % haben private Sorgen wie die Angst um den Tod eines Familienangehörigen, 42 % haben Angst, die Ausbildung nicht zu schaffen, und 41 % haben Angst vor den Folgen des Klimawandels. Männliche Jugendliche sehen die Forscherinnen und Forscher der Bertelsmann Stiftung 2024 durchschnittlich als zufriedener an als die weiblichen.[28] Gleichzeitig attestieren sie der Mehrheit der Jugendlichen einen positiven Blick in die Zukunft.

Die Jugendstudie der Barmer-Versicherung von 2023 kommt zu dem Ergebnis, dass 64 % der Kinder und Jugendlichen eher optimistisch in die Zukunft schauen, 21 % ein eher negatives Bild der eigenen Zukunft haben. Und die Studien »Jugend in Deutschland 2024« sowie die Jugendwahlstudie 2024 attestieren ihnen wiederum einen überwiegend pessimistischen Blick in die Zukunft. Dem widerspricht in Teilen die Jugend-Shell Studie 2024, die betont, dass die Mehrheit der Jugendlichen positiv auf »die Möglichkeiten, die ihnen von Staat und Gesellschaft geboten werden« blicken.[29] Das Kölner Rheingold-Institut, das lange Tiefeninterviews mit Jugendlichen durchgeführt hat, sieht die »ständige Unsicherheit durch multiple Krisen« bei den Jugendlichen und betont, dass sich junge Menschen oft »verloren, orientierungs- und hilflos« angesichts der aktuellen Herausforderungen fühlen.[30]

Wie deutlich wird, gehen die Ergebnisse zum Teil weit auseinander. Mein Fazit daraus: Optimismus ist auf jeden Fall eine brüchige Angelegenheit. Es ist nicht einfach, sich auf etwas zu verlassen und festzulegen.

Klar ist, dass es nicht so leicht ist, all diese Ereignisse und Erschütterungen auf einmal »zu verpacken«. Für niemanden. Der Psychologe Stefan Grünewald macht darauf aufmerksam, dass die Menschen vor der Coronakrise aus einem Gefühl des »alles ist möglich« kamen. »Vor einiger Zeit gaben uns Smartphones das Gefühl, ′virtuose Weltbeherrscher′ zu sein. Im Handstreich konnten wir Transaktionen tätigen, nach Partnern suchen, Reisen buchen. Diese Allmachtserfahrung hat mit Corona und den Kriegen und Krisen ungeheure Risse bekommen. Und der Klimawandel erscheint als so großes Problem, dass man sich auch zunehmend wirkungslos fühlt.«[31]

Was können wir Erwachsenen tun?
Was bedeutet das für Kinder und Jugendliche? Auch sie sind »hart aufgeschlagen«, vor allem durch die Corona-Beschränkungen, die sie unmittelbar betrafen, aber auch durch die Krisen, von denen sie täglich in den Nachrichten hören und lesen. Sie überlegen sich: Was wird mit der Welt? Was wird mit mir? Was wird mit meinen Kindern passieren? Wie wird

meine Zukunft aussehen? Wie möchten, wie können wir in Zukunft leben? Bei der Beantwortung dieser Fragen brauchen sie immer wieder Begleitung. Auch wenn wir für vieles keine einfachen Antworten haben, ist es wichtig, dass wir da sind und sie ernst nehmen. Das stärkt.

2. Angst, das Leben nicht zu schaffen

Wenn der Druck zu groß wird

»Die Welt, in der wir leben, ist nicht selbstverständlich. Dieses Gefühl fing bei mir mit Corona an,« erzählt die 19-jährige Arlette. Corona hat gezeigt: »Wir sind erschütterbar.« Dazu belasten Arlette und viele junge Menschen mit ihr die Gedanken über die aktuelle Weltlage, das, was die Nachrichten in den letzten Monaten immer wieder ausgespuckt haben: Kriege, Attentate, Klimakatastrophen.

> »Die Weltlage macht, dass mein beschütztes Gefühl weg ist. Im Zug oder in der U-Bahn habe ich manchmal so ein Bedrohungsgefühl. Gerade wurden wieder Menschen verhaftet, die ein Attentat geplant hatten. Ich habe Angst vor Übergriffen.«

Die Informatikprofessorin Irina Gurevych, Mitglied der deutschen Akademie der Naturforscher »Leopoldina«, fasst den Druck der jungen Menschen genauso zusammen: »Die junge Generation hat ihre Lebenssicherheit verloren.« Das sehe man an den Folgen der Corona-Pandemie, wie etwa der Zunahme der Depressionen unter den Jugendlichen. Zeitgleich seien junge Menschen durch die Digitalisierung mehr strapaziert. Mobbing, gestörte Selbstwahrnehmung, Stress durch soziale Netzwerke.[32] Gurevych forscht zu den psychischen Problemen, die daraus entstehen.

Elena kommt in die Praxis, weil sie so niedergeschlagen ist. Sie ist traurig, hat zu nichts richtig Lust und probiert, einfach nur durch den Tag zu kommen. Was sie tagsüber macht? Sie geht in die Schule und sie lernt. Ihre Schulnoten sind gut. Wenn sie über das Lernen

hinaus noch Zeit findet, chattet sie mit ihren Freundinnen und schaut sich Videos an, um sich abzulenken, oft bis tief in die Nacht.
Elena erzählt von ihren Eltern. Ihr Vater hat nicht so viel Zeit für sie und kriegt nicht so viel von ihr mit. Wie es ihr geht, was sie beschäftigt, weiß er nicht genau. Er fragt manchmal nach der Schule und ist ansonsten freundlich und distanziert.
Die Mutter spürt, dass es ein Problem gibt, sie spürt Elenas Traurigkeit und ihre Mutlosigkeit. Sie sucht nach Lösungen. Sie hat gelernt, wenn es ein Problem gibt, dann muss es gelöst werden. Die Gefühle, die Elena hat, werden nicht thematisiert. Elena liebt ihre Eltern und sie weiß auch: »Sie wollen doch nur, dass ich glücklich werde.« Elena weiß nicht, wie es weitergehen soll. »Ich habe Angst, mein Leben nicht zu schaffen«, sagt sie.
Die Psychologin Birgit Langebartels zitiert in ihrem Buch *Leben im Leerlauf* ein 13-jähriges Mädchen. In einem Interview erzählte sie, dass das Mädchen »trotz Notendurchschnitts von 1,2 noch sehr viel für die Schule lernt, daneben Leichtathletik sowie Reiten trainiert und Geigenunterricht nimmt. Trotzdem hat sie das Gefühl, nicht gut genug zu sein, und Angst davor, irgendwann unter der Brücke zu landen.«[33]
Wie ein großer, nicht zu bewältigender Berg erscheint manchen Jugendlichen das Leben. Wie soll das alles gehen? Wie soll das alles zu schaffen sein? Wie macht man das, glücklich werden?
Aber: Was ist eigentlich das Problem? Die Eltern sind ratlos, Elena weiß es auch nicht.
Meistens gibt es auch nicht *die eine* klar zu identifizierende Ursache für ein Problem, sondern mehrere. Im Fall von Elena ist es so, dass die Eltern natürlich wollen, dass ihre Tochter glücklich wird, aber … es gibt ein Aber. »Aber Noten sind schon wichtig.« Das spürt Elena, so unterschwellig. »Du könntest mehr«, hat ihr Vater mal gesagt. Und Elena lernt. Sie schreibt gute Noten, aber … aber die könnten ja noch besser sein. Eine Zwei ist eben nur eine Zwei. Wenn man studieren will, vielleicht sogar Medizin, muss es eine Eins sein. Ihr Vater ist Mediziner. In seiner Familie gilt Lernen und Leistung sehr viel. Das weiß Elena. Auch wenn es nie so direkt ausgesprochen wird, ist ihr klar, dass auch die Großeltern eigent-

lich mehr erwarten. Dazu kommt, dass Tom, ihr älterer Bruder, ein Super-Abi hingelegt hat.

Über unterschwellige, unausgesprochene Erwartungen zu sprechen, ist nicht so einfach. Oft sind sie den Kindern und Jugendlichen gar nicht bewusst. So ist es auch schwierig, sie in Worte zu fassen und sie genauer unter die Lupe zu nehmen. Das bedeutet, sie schwirren weiter in der Luft herum und man weiß gar nicht so richtig, was es eigentlich ist, das einen so bedrückt.

Was Elena noch spürt, sind Probleme in der Beziehung ihrer Eltern. Da läuft es nicht richtig rund. Häufig gibt es Streit zwischen ihnen und sie schreien sich dann an. Schon öfter hatte sie Angst, dass ihre Eltern sich vielleicht trennen könnten. Gesprochen hat sie mit ihnen darüber nie. Sie hat Angst vor der Antwort. Die Eltern haben sie auch noch nie angesprochen. Sie scheinen Elenas Sorge darüber gar nicht zu bemerken. Und irgendwie geht es ja auch immer weiter.

Zu den Erwartungen der Eltern kommt der tatsächliche Schuldruck. Manchmal sind es mehrere Klausuren in einer Woche. Und der Stoff, der nur einmal behandelt wurde, wird abgefragt. Das Besprechen des Stoffs in der Schule ging so schnell, dass Elena nicht so viel verstanden hat. Also muss sie lernen, sich Wissen aneignen, das ihr weitgehend unvertraut ist. Mindestens 10 Tage vor der Klausur fängt sie ganz von vorne an. Es soll doch gut werden. Sehr gut. Wenn es nicht reicht, wenn die Noten nicht sehr gut sind, dann ist die Zukunft eh verbaut und vor allem erfüllt sie dann die gefühlten Erwartungen nicht. Aber die Noten sind eigentlich gut. Trotzdem hat Elena Angst, dass es nicht reichen könnte. Dann fühlt sie sich wie blockiert. Zusätzlich zum Leistungsdruck führen belastete Beziehungen zu Lehrkräften und Mitschülern sowie ein schlechtes Lernklima dazu, dass sich manche Kinder nicht wohlfühlen in der Schule. Ein Fünftel der Kinder und Jugendlichen betrifft das, sagt das »Deutsche Schulbarometer 2024«, eine Studie der Robert Bosch Stiftung.

Bewertungen, Notengebung, Schulstress – »heiße Kartoffeln, an denen man sich schnell die Finger verbrennt.« So bezeichnet der Generalsekretär der Bundesschülerkonferenz Florian Fabricius diese Themen mit Blick auf die Politik.[34] Sie würden nicht so richtig angepackt von der Schulpolitik. Es käme immer gleich der Vorwurf, der Leistungsgedanke solle abgeschafft werden.

In der Schule geht es auch um Leistung, ganz klar. Auch hier gibt es Druck. Bestimmte Leistungen müssen eben erbracht werden, um die Schule zu schaffen. Aber natürlich sind Schülerinnen und Schüler keine Maschinen. Sie bringen ihren Lebensalltag mit in die Schule. Und manchmal ist der Speicherplatz im Gehirn schon mit anderen Dingen voll.

Neben dem Ziel, die geforderten Leistungen zu schaffen, ist die Frage wichtig: Wo ist die Balance, der Ausgleich, der Blick auf die seelische Gesundheit? Irgendwie klafft da eine Lücke zwischen den schulischen Anforderungen und dem seelischen Befinden vieler Schülerinnen und Schüler.

Mental Health-Coaches hat das Familienministerium in Schulen geschickt. Sie sollen vorbeugend die Widerstandkraft und die mentale Gesundheit »mitten in die Lebenswelt der Kinder und Jugendlichen – an die Schulen – bringen«. Sie sollen Mut machen, sich bei psychischen Problemen Hilfe zu suchen. Die Begründung ist eindeutig: »Das Aufwachsen in krisenhaften Zeiten und unsichere Zukunftsaussichten setzt viele junge Menschen unter enormen Stress.« So hat die damalige Familienministerin Lisa Paus die Einführung des Pilot-Projekts mit dem Titel »Sagen was ist – tun was hilft«[35] begründet. Ein guter und wichtiger Ansatz.

Bei Elena gibt es dann noch das Gerede in der Schule ... eine langjährige Freundin lästert bei anderen immer über sie. Eine andere Freundin hat es ihr erzählt. Sie sei so eingebildet, sehe so extra stylish aus und hänge jede Woche mit einem anderen Jungen ab. Auch auf ihrem Handy landen mittlerweile Anfeindungen.

Kinder und Jugendliche, denen es ähnlich geht wie Elena, nennt der Hamburger Arzt für Kinder- und Jugendpsychiatrie Professor Schulte-Markwort »Burn Out Kids«.[36] Sie sind überfordert. Sie müssen viel leisten, zu viel. Sie sind komplett erschöpft. Und sie haben Angst. Aber was genau führt eigentlich zur Überforderung?

Eine Million Möglichkeiten

Unklare Botschaften, indirekte Erwartungen der Eltern, Schwierigkeiten, die eigenen Gefühle weder zu Hause noch sonst irgendwo loswerden zu können, Druck in der Schule, Stress mit Freundinnen und Freunden – das sind schon viele Gründe für die Erschöpfung, aber es sind nicht die einzigen. Wenn kleine Kinder im Supermarkt vor dem Süßigkeitenregal stehen, dann ist die Auswahl groß. Es gibt die Qual der Wahl.

Kleine Kinder, so hat mir mal eine Lehrerin erklärt, können entscheiden, ob sie das rote oder das grüne Bonbon essen wollen, aber sie sollten nicht zwischen hunderten von Lollis, Schokis, Keksen und Kaugummis wählen müssen. Das überfordert sie. Wenn alles möglich ist, wird es schwierig. »Wenn ich mich für eine Sache entscheide, schließe ich ja alle anderen aus.«

Die 17-jährige Vivian bringt es für sich und viele Jugendliche auf den Punkt:

> »Einerseits gibt es unfassbar viele Möglichkeiten, allerdings wirken viele unerreichbar (Geld, Verantwortung). Außerdem hat man das Gefühl, etwas verändern zu müssen.«

Bei manchen Menschen, nicht nur bei Jugendlichen, führen die vielen Wahlmöglichkeiten dazu, dass sie sich gar nicht entscheiden. Viele Jugendliche, die am Ende ihrer Schullaufbahn sind und in die Welt gehen, quälen sich mit der Frage: »Und was jetzt?«

> »Ich will raus und hab Lust, was zu machen, aber es gibt so viele Angebote, man kann sich totsuchen. Ich merke, dass ich dann zumache. Ich krieg dann einfach die Motivation dafür nicht hin«, erzählt Meghan (17 Jahre).

Sie hat im vergangenen Jahr Abitur gemacht und jobbt seither. Damit geht es ihr erst mal ganz gut. Sie lebt weiter zu Hause, trifft sich mit Freundinnen und Freunden und verdient Geld. Die Frage, wie es in der Zukunft weitergehen soll, wird immer drängender.

Jetzt sucht sie im Internet nach Praktika. Wenn sie dann etwas gefunden hat, das spannend klingt: Schildkröten retten in Costa Rica, Farmarbeit in Uganda, Tiger schützen in Thailand, dann fragt sie sich: »Will ich das jetzt wirklich machen?« Sie empfindet es als sehr schwierig, eine Entscheidung zu treffen. Dazu kommt, dass man für solche exotischen Praktika auch noch viel Geld bezahlen muss. Und wenn man sich zu einer Sache hingezogen fühlt, melden sich kurz darauf die Zweifel: Was ist, wenn es dann doof wird? Wenn es doch nichts ist? Wenn ich so einen großen Aufwand betrieben habe, viel Geld ausgegeben habe und dann gefällt es mir am Ende nicht? Wenn sie darüber nachdenkt, dann macht sie erst mal gar nichts. Dann aber machen die Eltern Druck. Sie wollen endlich sehen, dass Meghan etwas unternimmt. Für Meghan fühlt sich das so an, als hätten sie gar kein Verständnis. Ständig kommen Fragen und Aufforderungen wie »Was willst du?«, »Hast du dich schon entschieden?« Wenn sie dann sagt »Ich weiß es nicht« reagieren die Eltern häufig beleidigt und machen Druck. »Wieso weißt du das denn nicht?« Und so verstreichen die Anmeldetermine für Ausbildungsplätze, Studiengänge, Praktika, und der Druck steigt.

Familienvielfalt

Alles ist möglich oder zumindest sehr viel. Auch, was Familienkonstellationen angeht. Und es gibt kein Rezept für die ideale Familie. Eine Familie, in der es sehr viel Streit zwischen den Eltern gibt, kann genauso verwirrend und schädlich für Kinder sein wie eine Patchwork-Familie, in der um Kinder gezerrt wird.

Gleichzeitig ist es klar, dass eine Trennung der Eltern mit vielleicht mehreren Wohnorten und unterschiedlichen Werten und Regeln von Kindern große Anpassungsleistungen erfordern. Viel Energie geht bei manchen Kindern schon dafür drauf, sich zu orientieren: Was ist bei wem erlaubt? Was muss ich wann dabeihaben? Wie muss ich mit wem sprechen, um etwas für mich zu erreichen? Was darf ich wo? Werde ich ausreichend gesehen? Werde ich eventuell von einem meiner Elternteile oder von beiden als Bote oder Botin, als Partnerin oder Partner funktionalisiert? Trennungen und Neu-Formierungen gehören heute zur Welt der Kinder dazu. Das ist so. Die Entscheidungen darüber treffen die Eltern. Es ist wichtig, im Blick zu behalten, dass auch das für manche Kinder große Herausforderungen oder sogar Überforderungen sind, die ihnen dabei im Weg stehen, mutig und hoffnungsfroh in die Welt zu gehen. Für die Kinder ist es unerlässlich, dass Erwachsene, die ihre Entscheidungen natürlich auf erwachsener Ebene abwägen müssen, immer auch berücksichtigen, wie die Welt mit den Augen der Kinder aussieht. Was brauchen sie, um sich sicher zu fühlen und ihren Weg zu finden?

Was können wir Erwachsenen tun?
Die allerwichtigste Unterstützung, die Kinder von ihren Eltern bekommen können, wenn sie sich trennen, ist, dass die Eltern weiterhin gut miteinander im Gespräch sind. Für manche Eltern sehr schwierig, für die Kinder eine Riesenentlastung. Sie müssen nicht ständig aufpassen, was sie wem sagen, wo sie sich wohlfühlen dürfen. Sie müssen nicht ausgleichen, weil sie ein Elternteil trösten müssen und den anderen Teil nicht verärgern dürfen.

Eine Lücke in der Familie schließen

Manche Kinder und Jugendlichen sind sehr bemüht, in den Augen der Eltern alles richtig zu machen. Ganz einfach und gleichzeitig ganz tragisch. Sie machen das, weil sie wissen, dass es ihre einzige Chance ist, Aufmerksamkeit zu bekommen. Etwas, das jedes Kind dringend braucht. Im Hinterkopf wissen sie, dass sie nur gesehen werden, wenn sie den Eltern gefallen. Wenn sie helfen, im Haushalt, mit den Geschwistern, wenn sie aufräumen, wenn sie trösten, wenn sie eine Rolle einnehmen, in der es nicht um sie geht. Das Anstrengende, der Druck dabei ist, dass sie ständig ihre »Antennen« ausgefahren haben müssen, um zu erspüren, was denn gerade von den Eltern gewünscht ist. Was gerade hilft oder womit man zumindest nicht negativ auffällt.

In meinem Buch *Erzieht uns einfach* habe ich sie ausführlich beschrieben, die parentifizierten Kinder.[37] Sie begegnen mir auch als Erwachsene in der Praxis. Je mehr Krisen, je mehr Druck auch auf den Eltern lastet, umso mehr müssen Kinder Aufgaben übernehmen, die noch mindestens drei Nummern zu groß für sie sind. Das Gefühl »Ich schaffe es nicht« stellt sich in diesen Situationen, in denen Kinder in Verantwortung für ihre Familie, ihre Eltern, ihre Geschwister, für sich selbst kommen, immer irgendwann ein. Weil es eben nicht zu schaffen ist, weil die Kinder überfordert sind. Aber sie wollen es natürlich schaffen, nur haben sie es mit unlösbaren Aufgaben zu tun. Auf Dauer ist die Folge: Sie probieren es immer weiter und fühlen sich immer wieder überfordert oder es geht irgendwann gar nichts mehr.

Stress durch soziale Netzwerke

»Hilfe, das Internet überrollt mich.«

Welchen Druck es auslöst, immer präsent zu sein, immer dabei sein zu müssen, in immer neue Themen geführt zu werden durch die sozialen Netzwerke, dies wissen nicht nur Kinder und Jugendliche. Auch Politikerinnen und Politiker etablierter Parteien fühlen sich überrollt etwa von der großen Macht des Netzwerkes TikTok. Zwei Drittel der Jugendlichen zwischen 12 und 19 Jahren geben an, es regelmäßig zu nutzen. Das bedeutet: Hier wird Politik gemacht. Rechte Parteien haben das schon früh erkannt und sich dort massiv ausgebreitet. TikTok funktioniert nicht wie andere Netzwerke über »Follower«. Der TikTok-Algorithmus hat seine eigenen Gesetze, die niemand so richtig durchschaut: Es sind offenbar starke Emotionen, Schwarz-Weiß-Nachrichten, Skandale, die rasend schnell auch an andere als die eigene »Blase« gesendet werden. Kinder und Jugendliche suchen hier ihre Informationen, ihre Vorbilder, ihre Werte und finden viele Fakes, Desinformationen, simple Erklärungen der Welt, die polarisieren und spalten. Die Frage, ob sie dort mitmachen, auch einen Account anlegen müssen, um Falschinformationen, gefährlichen Challenges und Co. etwas

entgegenzusetzen, haben einige Politikerinnen und Politiker etablierter Parteien, zum Teil notgedrungen, mit »Ja« beantwortet. Ihnen ist klar geworden, dass sie dieses wichtige Medium nicht den Rechten, den skrupellosen, denen, die nicht das Wohl der Kinder und Jugendlichen im Blick haben, überlassen können. Notgedrungen deshalb, weil TikTok durch mehr »Userinnen und User« natürlich weiteren Aufwind bekommt. TikTok schützt junge Menschen nicht vor Diskriminierung und Desinformation.
Und dann ist da jetzt KI. Künstliche Intelligenz. Ein weiteres starkes Instrument, Menschen zu verwirren. Ist es jetzt real oder ist es fake? Hat das mein Lieblingskünstler gemalt oder eine Maschine? Ist mein Star überhaupt echt oder ein Avatar? Auf die Frage, mit welchem Gefühl er auf die Zukunft der Welt schaut, antwortet der 16-jährige Phillip als Erstes:

»Aktuell mit einem schlechten Gefühl. KI macht vieles schwerer, von generiert oder echt zu unterscheiden.«

Und die 16-jährge Mila sagt:

»Kein gutes Gefühl, da es zurzeit zu viele Probleme gibt, gegen die nichts gemacht wird, z. B. Klimawandel. Die Welt wird auch zu digital. Sie neigt sich ins Schlechte.«

Im Gegensatz zu den Älteren von uns haben und hatten heutige Kinder und Jugendliche keine Kindheit mehr, in der es Digitalisierung nicht gab. Die ganzen Diskussionen um das Handy, die Ablenkungen, die Verunsicherungen in der digitalen Welt, das Überflutet-Werden von zum Teil schrecklichen Bildern, die man nicht mehr aus dem Kopf kriegt. Die Dauerpräsenz und Dauervernetztheit, rund um die Uhr. »Ich wünschte, ich hätte das nie gesehen«, sagen Kinder nicht selten, wenn sie die Chance haben, über die digitale Welt mit neutralen Expertinnen und Experten zu sprechen, die von außen in die Schulen gehen und über den Umgang mit Social Media und Co. mit den Kindern diskutieren. Dieser Satz ist durchaus auch als Hilfeschrei zu verstehen: »Schützt uns und macht uns keine Vorwürfe.«

Auch das ist in Studien mittlerweile belegt: Digitaler Überkonsum beeinflusst die Psyche maßgeblich. Jugendliche, die sehr viel Zeit (mehr als 4 Stunden am Tag) am Bildschirm verbringen, geben sehr viel häufiger an, psychisch belastet zu sein als andere, die nicht so viel auf Smartphone und Co. schauen. Die Ergebnisse der Studie »Jugend in Deutschland 24« deuten auf eine klare Beziehung zwischen Bildschirmzeit und psychischer Belastung hin, sagt der Soziologe Simon Schnetzer.[38]

Ob Jugendliche mit psychischen Problemen sich mehr an die digitale Welt wenden, oder umgekehrt, ob Jugendliche durch die Nutzung der digitalen Welt psychisch krank werden? Wahrscheinlich ist es ein Wechselspiel. Wer kein Smartphone, keinen Computer zur Verfügung hat, ist gezwungen, sich anders zu beschäftigen, seine Kontakte im »Real Life« zu suchen und gleichzeitig: Wer den einfachen Click der Anstrengung des Telefonierens und Verabredens ständig vorzieht, verlernt auch, im »Real Life« Kontakte zu knüpfen.

Es fängt schon früh an

Auf der anderen Seite schauen Erwachsene selbst ständig auf ihr Handy, manche schauen ihre Kinder häufig gar nicht an und sehen nicht, wie es ihnen geht. Und die Kinder? Sie drehen auf, um Aufmerksamkeit zu bekommen, oder sie schalten ab. Wie oft erleben Kinder und Jugendliche genau das: Erwachsene, die eigenen Eltern, die nur auf ihr Handy starren, anstatt die wertvolle Zeit mit ihren Kindern zu nutzen, um sich zu unterhalten, zu spielen, Quatsch zu machen, mitzubekommen, wie es ihnen geht. Welches andere Gefühl soll sich bei Kindern und Jugendlichen einstellen, wenn die Eltern zwar physisch anwesend, geistig aber total abwesend sind, als das Gefühl, nicht so wichtig zu sein? Und: Wie soll man lernen, auf andere zuzugehen, sich zu zeigen, um gesehen zu werden, andere zu sehen und auf sie einzugehen, ganz normales soziales Miteinander, wenn es nur so bruchstückhaft gelebt wird – in einem permanenten, schnell wechselnden On-Off-Modus, ohne verlässliche Kontinuität?

Zahlreiche Studien belegen mittlerweile auch, dass der Smartphone-Gebrauch der Eltern und damit die Ablenkung von ihren Kindern, das häufige Aus-dem-Kontakt-Gehen große Auswirkungen auf die Kinder hat. Schon ein kurzer Blick aufs Handy unterbricht den Kontakt zwischen Eltern und Kind. Eltern sind mit der Nachricht beschäftigt, die sie gerade gelesen haben, sie sind abwesend. Die Kinder nehmen es wahr. Die Eltern sind abgelenkt und nicht mehr innig mit ihrem Kind verbunden. Und das beginnt schon ganz früh: Forscherinnen und Forscher wie etwa der Amerikaner Edward Tronick fanden heraus, dass sich die fehlende Interaktion zwischen Mutter und Baby auf dessen Gemütszustand und dessen Verletzlichkeit auswirkt.[39] 8- bis 12-jährige Kinder, die nach dem Smartphone-Gebrauch ihrer Eltern befragt wurden, empfanden, dass ihre Eltern zu viel mit dem Smartphone beschäftigt sind, und viele fühlten sich vernachlässigt.

Und: Kinder lernen, was wir ihnen vormachen. Sie machen nach, sich wegzubeamen, sich nicht einzulassen, nicht bei einer Sache zu bleiben, auch nicht bei sich zu bleiben, bei ihren eigenen Gedanken. Mangelnde Konzentrationsfähigkeit ist eine weitere Folge.

Andersherum, was macht es mit uns selbst, wenn wir ständig das Handy benutzen? Das zum Beispiel: Wir sind immer woanders. Wir beamen uns weg aus dem Hier und Jetzt. Wir bleiben nicht bei dem, was gerade ist. Und: Wir haben kaum Zeit, mal einen Gedanken zu Ende zu denken. Uns einer Sache voll und ganz zu widmen, uns unseren Kindern voll und ganz zu widmen.

»Kinder sprechen weniger, je häufiger die Eltern das Handy nutzen.« Zu dem Schluss kommen Forscherinnen und Forscher der Technischen Universität in Dortmund in einer Studie, die zur Eröffnung des »Baby Lab« im Februar 2023 vorgestellt wurde. Das hat nicht nur weitreichende Folgen für die Sprachentwicklung der Kinder, sondern auch für die Entwicklung sozialer Fähigkeiten und für die Ausbildung von Empathie.[40]

Das Handy ist ein Paradoxon: Es ist gleichzeitig Kontakthersteller und Kontaktverhinderer. Wenn wir mit jemandem in Verbindung treten möchten, dann können wir das unter anderem über das Handy machen. Das Heraustreten aus dem realen Leben, weg von den Menschen, die vor mir stehen, geschieht ebenso über das Handy. Wann benutzen wir dieses alles möglich machende Gerät für eine Kontaktaufnahme, wann für eine Verhinderung von Kontakt? Diese Frage müssen wir uns immer wieder stellen. Das bedeutet: Es liegt an uns: Wir entscheiden darüber, wie wir es einsetzen. Wie und wann benutzen wir das Handy und wofür? Das bedeutet, viel Bewusstheit über unser eigenes Handeln zu bekommen und gleichzeitig ein Gefühl für reale Situationen und für unsere Kinder.

Wie nehmen junge Menschen sich selbst und ihren Körper wahr?

Um sicher in die Welt zu gehen, brauchen wir einen sicheren Stand. Eine Sicherheit, von der aus wir losziehen können.

Woran orientieren wir uns? Was gibt uns Sicherheit in Bezug auf die Frage unserer Identität? Der Kölner Psychologe Nick Berk erklärte es so: »Es gibt ein Fadenkreuz, an dem wir uns orientieren.« Auf der vertikalen Achse steht die Frage: »Was kommt vor mir?« und »Was kommt nach mir?«. Wer sind meine Vorfahren und wer meine Nachfahren? Auf der horizontalen Achse gehe es um die Frage: Zu welchem Geschlecht gehöre ich? Bin ich weiblich oder bin ich männlich? Das ist die grobe Grundorientierung. Schon vor der Geburt von Kindern fragen werdende Eltern, Großeltern, Freunde: »Was wird es denn?«

Wenn die kleinen Wesen dann auf der Welt sind und in den Kindergarten kommen, probieren manche aus, wie es wäre, dem anderen Geschlecht anzugehören. Jungen möchten gern ein Kleid anziehen, Mädchen lieber ein Junge sein. Sie probieren sich aus, machen sich Gedanken über die Geschlechtszugehörigkeit: Wo fühle ich mich besser? Wo habe ich mehr Möglichkeiten, meine Wünsche auszuleben? Ist es vielleicht so, dass man mal ein Junge und mal ein Mädchen sein kann?

In der Pubertät stellen manche die vorgegebenen Festlegungen noch einmal anders in Frage. Jetzt geht es darum herauszufinden, wie fühle ich mich, was meine Sexualität mit anderen angeht. Wie geht Sex? Wo fühle ich mich körperlich hingezogen? Was gefällt mir? Wo fühle ich mich wohl und wo werden meine Bedürfnisse befriedigt? Das sind wichtige Fragen, die für manche Jugendliche gar nicht einfach zu klären sind. Es gibt bei manchen eine große Verunsicherung, weil sie vielleicht etwas fühlen, für das es in der näheren Umgebung kein Vorbild gibt. Manche stellen sogar fest: Niemand fühlt so wie ich.

Einige zweifeln an sich selbst: Sind meine Gefühle okay? Und es macht Angst, festzustellen, dass man anders empfindet als die Mehrheit, dass man sich nicht zu einer Person des anderen Geschlechts hingezogen fühlt, nicht heterosexuell ist.

Damit muss man erst mal selbst zurechtkommen, die eigenen Gefühle kennenlernen und sie akzeptieren. Und dann sind da noch die Menschen um einen herum: Was sagen die Eltern, die Verwandten, die Freunde, wenn sie erfahren, dass ein Junge Jungen liebt oder ein Mädchen Mädchen? Wird man dann akzeptiert, genauso wie vorher? Und mit was muss man in der Schule, im Studium, im Beruf rechnen? Viele Eltern heute sagen: Mein Kind kann ruhig schwul oder lesbisch sein, damit habe ich kein Problem, auch wenn ich es mir vielleicht anders gewünscht hätte. Größere Ängste können – sowohl bei den Jugendlichen selbst als auch bei den Eltern – ausgelöst werden, wenn die Suche nach der sexuellen Identität noch komplizierter wird:

Was das biologische Geschlecht angeht, ist für die meisten Menschen klar definiert, wo sie sich zuordnen können: Sie haben weibliche oder männliche Geschlechtsmerkmale. Das heißt, sie sind ein Junge oder ein Mädchen. Bei manchen Menschen ist es nicht so klar. Es gibt biologische Zwischenformen, die sich nicht eindeutig als Mann oder Frau zuordnen lassen.

Anders ist es, wenn es darum geht, wie wir unser eigenes Geschlecht wahrnehmen. Da geht es um das soziale Geschlecht. Und da gibt es zwar nicht eine Million Möglichkeiten aber über 60 verschiedene Formen.

Weitgehend geläufig ist LGBTQ. Eine Abkürzung für geschlechtliche Vielfalt. Häufig werden noch die Buchstaben IA angehängt.

> *Was ist LGBTQIA?*
> LGBTQIA ist die englische Abkürzung für »lesbian, gay, bisexual, transgender, queer, intersexual und asexual«.
> Lesbisch: Frauen, die Frauen lieben.
> Gay: Männer, die Männer lieben.
> Bi: Menschen, die sowohl Männer als auch Frauen körperlich lieben können.
> Transgender: Menschen, die sich selbst anders wahrnehmen, als von dem Geschlecht, mit dem sie geboren sind, vorgegeben ist.
> Queer: Ein Sammelwort, das viele trans-, bisexuelle oder intergeschlechtliche Personen nutzen.
> Inter: Intergeschlechtlichkeit oder Zwischengeschlechtlichkeit. Menschen, die nicht mit eindeutig männlichen oder weiblichen Geschlechtsmerkmalen auf die Welt gekommen sind.
> Asexuell: Menschen die kein Verlangen nach Sexualität verspüren.
> Agender: Sie fühlen sich keinem Geschlecht zugehörig.

Geschlechtsidentitäten, die heute immer wieder genannt werden, bei Stellenausschreibungen, im Personalausweis, in öffentlichen Räumen sind: männlich, weiblich und divers. Diese drei Möglichkeiten kann man auch im Pass eintragen lassen.

Manche Eltern erfahren von ihren jugendlichen oder gerade erwachsen gewordenen Kindern, dass sie sich selbst als non-binär bezeichnen.

> *Non-binär*
> Als non-binär, Deutsch nicht-binär, bezeichnen sich Menschen, die sich keiner der beiden Geschlechter zuordnen. Die non-binäre Geschlechtszuordnung ist fließend, wechselt zwischen männlich und weiblich oder verhält sich neutral. Menschen, die sich als non-binär bezeichnen, haben oft den Wunsch, androgyn auszusehen, also männliche und weibliche Merkmale in sich zu vereinen.

Was non-binär von der Wortwahl her auch signalisiert: Ich möchte mich nicht genau zuordnen: Das Wort sagt, was die Menschen nicht sind. Sie sind nicht binär, also nicht männlich oder weiblich. Unklar ist, was sie dann sind. Non-binär ist vom Wort her eine Negation. Es ist nicht festgelegt. Es bleibt offen. Das heißt auch: Es gibt keine eindeutige Orientierung. Jedenfalls nicht für Außenstehende. Auch aufgeklärte, tolerante Eltern macht die Offenbarung ihrer Kinder, sie seien non-binär, oft ratlos. Was bedeutet das? Was ist mit meinem Kind? Sie verstehen es nicht und fühlen, dass sich ihr Kind in eine Richtung bewegt, die ihnen fremd ist. Das führt manchmal dazu, dass er oder sie sich von ihnen distanziert, weil er oder sie sich eben nicht so angenommen fühlt, wie er oder sie fühlt.

Wie lässt sich das verstehen? Jugendliche, junge Erwachsene, die sich selbst als so anders als andere empfinden, fühlen sich häufig erst mal in ihrer Familie nicht verstanden und auch nicht akzeptiert. Dazu kommt, dass sie ja selbst noch dabei sind, sich richtig zu verstehen. Viele machen sich auf die Suche nach Menschen, denen es ähnlich geht, die ähnlich empfinden, von denen sie sich besser verstanden fühlen, in ihrer Art zu leben und zu lieben.

Eltern machen sich Sorgen: Wie geht es meinem Kind? Es ist auf der Suche nach etwas, bei der wir ihm oder ihr offenbar nicht helfen können. Was die Jugendlichen sich wünschen, ist, dass sie akzeptiert werden, wie sie sind. Manche geben sich selbst einen anderen Namen und bitten auch ihre Eltern, sie jetzt anders zu nennen. Das ist für die meisten Eltern sehr befremdlich.

Manche Jugendliche oder junge Erwachsene lehnen die eigenen körperlichen Geschlechtsmerkmale ab. Sie haben dann unter Umständen den Wunsch, die biologischen Geschlechtsmerkmale des anderen Geschlechts anzunehmen.

Das ist für viele Eltern erst mal ein großer Schlag. Es irritiert und ängstigt sie, dass ihre Kinder einen solchen Schritt in Erwägung ziehen. Ihre Sorge ist verständlich: Steht jetzt demnächst eine Operation an? Fühlt mein Kind sich in seinem Körper so falsch, dass es sich umoperieren lassen wird, sobald es die Möglichkeit und das Geld dazu hat? Und sie fragen und insistieren vielleicht noch mehr, um zu verstehen und einen solch drastischen Schritt abzuwenden. Vielleicht machen sie sich auch Vorwürfe, dass sie etwas falsch gemacht haben, dass es an ihnen liegt, dass ihr Kind so unglücklich mit seinem biologischen Geschlecht ist. Psychologisch gesehen ist die Sache kompliziert. Einerseits ist es so wichtig, dass die Jugendlichen und jungen Erwachsenen ihren Weg gehen können, dass sie lieben können, wen sie wollen, und dass sie sich selbst akzeptieren können und sich stimmig und wohl in ihrem Körper fühlen. Darüber hinaus geht es darum, dass sie in ihren Neigungen und Bedürfnissen akzeptiert werden. Sie ringen um Akzeptanz und Anerkennung, um ihren Platz in der Welt, um ihre Identität. Aus meiner Erfahrung ist es gleichzeitig so, dass es bei vielen jungen Menschen, die sich fremd und anders in ihrem Körper fühlen, um mehr geht als um die Frage: Welches ist meine Geschlechtsidentität? Es geht oft um die Frage: »Wo gehöre ich hin?«, »Wo ist mein Platz in der Welt?«, »Wo fühle ich mich richtig?« Diese Fragen werden dann an der Sexualität festgemacht. Sie müssten aus meiner Sicht noch an vielen anderen Punkten festgemacht werden, aber das ist oft so schwierig.

Jugendliche und junge Erwachsene brauchen zweierlei gleichzeitig: einen sicheren Ort, von dem aus sie in die Welt gehen können, und einen Freiraum, in dem sie ihre Autonomie, ihr Eigenes entwickeln können. Ich habe junge Menschen getroffen, die gerne ein anderes Geschlecht haben möchten als ihr eigenes, die sich als nonbinär bezeichnen, die aber gleichzeitig ganz grundsätzlich nicht wissen, wo sie hingehören. Manche wurden zwischen ihren Eltern hin- und hergeschoben, sie wurden sehr stark oder sehr wenig kontrolliert, sie hatten keinen geborgenen Ort in ihrer Kindheit. Dieser biografische Aspekt wird durch den Fokus auf die sexuelle Zugehörigkeit in den Hintergrund gedrängt. Stattdessen steht oft der geschlechtliche Aspekt für alles. Das ist aus meiner Sicht auf Dauer zu kurz gegriffen. Es ist unbedingt notwendig, die Kinder zu unterstützen, sich mit der eigenen Biografie auseinanderzusetzen und sich auf den Weg zu machen, herauszufinden, was die schwierige Suche nach der Geschlechtsidentität noch bedeuten kann. Ganz persönlich für sie selbst. Das ist ein aufwendiger und manchmal schmerzhafter Schritt. Aber er ist wichtig, zumindest dann, wenn mit der Suche nach der sexuellen Identität ein Leiden einhergeht. Sonst kann es sein, dass man weiter verzweifelt nach seinem Platz –

möglicherweise an der falschen Stelle – sucht und dass vielleicht irreversible Fehlentscheidungen wie eine Operation getroffen werden.

Ich erinnere mich an Mia, die in der Grundschule immer Thomas genannt werden wollte und sich mit 17 nichts sehnlicher wünschte als »ein ganz normales Mädchen« zu sein. Es gibt nicht wenige Mediziner, die Geschlechtsumwandlungen bei jungen Menschen vorgenommen haben und am Ende ihrer beruflichen Laufbahn feststellen: Die allermeisten davon sind nicht glücklicher geworden.

Es ist ganz normal, dass Eltern und Jugendliche in diesen Fragen Begleitung brauchen. Und es ist wichtig, dass das Anliegen ernst genommen und »ergebnisoffen und unterstützend« begleitet wird, wie es im Kindergesundheitsbericht 2023 der Stiftung Kindergesundheit heißt. Kompetente Beratung gibt es bisher in wenigen interdisziplinären Spezialzentren an Universitätskliniken. Auch die einzelnen Bundesländer bieten spezielle Psychosoziale Beratungsstellen in manchen Städten oder auch mobil an.[41]

»Aber sie haben doch alles …«

Für einige Erwachsene ist die Not der Jugendlichen total unverständlich. Sie fragen sich: »Woran fehlt es ihnen denn? Sie haben doch alles. Wir sind tolerante Eltern, wir erlauben vieles. Auch Dinge, die wir selbst nicht durften, versuchen wir unseren Kindern zu ermöglichen. Wir fahren sie durch die Gegend, sie können ihren Hobbys nachgehen, dürfen abends lange wegbleiben, wir haben ausreichend Geld und jede Menge Ausbildungsmöglichkeiten. Das alles stellen wir ihnen zur Verfügung. Da wird doch wohl jeder etwas finden.« Die Eltern selbst hatten vielleicht strengere Eltern, weniger finanzielle Mittel und weniger Auswahl, sich zu entscheiden. Was ist also das Problem? Das mit den unzähligen Möglichkeiten hat mindestens zwei Seiten. Alles ist möglich, aber natürlich ist nicht alles zu schaffen. Es müssen im Dschungel der Möglichkeiten Entscheidungen getroffen werden. Nur wie?

Da fällt mir Amos Oz ein. Der israelische Schriftsteller hat es so formuliert: »Bis vor 100 Jahren mehr oder weniger, ob in Deutschland, Ägypten oder China, wusste ein Mensch drei einfache Dinge: Er wusste, wo er leben würde, nämlich dort, wo er geboren wurde oder in dem Dorf nebenan. Er wusste, was er tun würde, er würde das tun, was sein Vater oder seine Mutter getan haben oder etwas sehr Ähnliches. Und er wusste, was passiert, wenn er stirbt: Dann kommt er in eine bessere Welt. Die jungen, modernen Menschen wissen nicht, wo sie leben werden, und sie wissen nicht, was mit ihnen passiert, wenn sie sterben. Das ist nicht einfach.«[42]

Was können wir Erwachsenen tun?
Mein Gefühl ist: Wie kann man mal die Luft rauslassen? Von allem weniger. Weniger Druck, weniger Erwartungen, weniger soziale Medien, weniger Möglichkeiten und weniger unerreichbare Standards. Vielleicht würde das die Angst minimieren und den Blick in die Zukunft wieder freilegen. Klingt im Zeitalter des Optimierungswahns unmöglich, würde aber Raum schaffen, um einfach mal durchzuatmen.

3. Angst, Fehler zu machen

Immer 100 Prozent geben

Auf jeden Fall das Richtige tun müssen

Wenn man sich schon entscheidet, dann muss es wirklich auch das Perfekte sein. Gefühlt machen auch alle anderen aus der Stufe etwas »echt Cooles«. Viele zumindest. Nur man selbst hängt so durch. Wie gesagt: »gefühlt«. In Wahrheit ist es natürlich überhaupt nicht so, dass alle anderen wissen, was sie wollen, und zielstrebig darauf losgehen. Wie auch, bei der Fülle an Angeboten einerseits und dem Druck, unbedingt das Richtige zu finden, andererseits.

Aber das subjektiv Gefühlte lenkt zunächst unser Befinden. Wenn man selbst den Eindruck hat, bei allen anderen läuft es gut, dann muss es natürlich bei einem selbst auch gut laufen. Sonst stimmt ja mit einem selbst etwas nicht. Bilder im Internet verstärken den Eindruck, die Influencer machen es vor, wie Leben geht, wie man glücklich wird und am besten auch reich und berühmt. Alle eifern ihnen nach, »nur bei mir klappt es nicht, also liegt es an mir«, ist dann die Schlussfolgerung, die einen zur Verzweiflung bringen kann.

Da in der zunächst kurzlebigen, digitalen Welt Entwicklung, Versagen, neu beginnen, scheitern, wieder aufstehen, der eigentliche Prozess des Weiterkommens nicht gezeigt wird, entsteht das Gefühl: Alles muss sofort und hundertprozentig klappen. So nehmen es viele junge Menschen wahr:

> »Man hat das Gefühl, nie versagen zu dürfen, egal wie es einem gerade geht. Man muss immer funktionieren.« (Sibel, 17 Jahre)

»Immer funktionieren«, als wären Menschen Maschinen. Ich höre das Wort »funktionieren« häufig in der Praxis. Eltern, die selbst das Gefühl haben, immer alles schaffen zu müssen, erzählen von sich, dass sie selbst nicht mehr »funktionieren«. Auch über ihre Kinder klagen sie manchmal verzweifelt, dass die nicht immer so »funktionierten«, wie die Erwachsenenwelt es für vernünftig und richtig hält.

Eine Mutter empörte sich darüber, dass ihre 17-jährige Tochter abends nicht pünktlich zur verabredeten Zeit zu Hause war. Das ginge gar nicht. Das sei »non-konform.«

Ja, Wahnsinn! Dabei ist, wenn man in der »Funktionslogik« bleibt, das »Nicht-Funktionieren«, das Ausprobieren, das Non-Konforme, das »Gucken-was-geht« ihre Entwicklungsaufgabe in dieser Zeit. Das ist das, was bei den Jugendlichen gerade altersgemäß ansteht.

Alles richtig machen zu müssen, konform zu sein, das wird von zu Hause, von der Gesellschaft, von Influencern, Lehrerinnen und Lehrern vorgegeben. Nicht von allen und nicht immer bewusst. Aber es passiert.

Das heißt nicht, dass es nicht wichtig ist, Regeln aufzustellen. Aber Regeln sind zum Überschreiten da. Sie dienen als Herausforderung und gleichzeitig als Orientierung. Das müssen wir Erwachsenen wissen, auch wenn wir es nicht laut sagen.

Die Schwierigkeit, sich zu entscheiden

Ich habe Jugendliche gefragt: Was ist schwierig bei der Entscheidung, wie es nach der Schule weitergehen soll?

> »Besonders schwierig finde ich das Gefühl der Unsicherheit, da alles so neu ist und die Entscheidungen, die getroffen werden müssen, oft große Auswirkungen haben.«
> (Birte, 16 Jahre)

»Alles ist so neu«, sagt Birte. Und das ist erst mal wichtig zu verstehen. Bislang haben die Eltern für die Jugendlichen die großen Entscheidungen getroffen. Jetzt sind sie selbst dran. Das ist richtig so und gleichzeitig maximal verunsichernd:

»Sich für einen Weg zu entscheiden und dann vielleicht zu merken, dass das der falsche Weg war und den Rest meines Lebens unglücklich zu sein.« (Bea, 17 Jahre)

»Der Druck, das Richtige auszuwählen, was zu einem selbst passt und einen glücklich macht, aber auch die Möglichkeit, etwas anderes durch seine Entscheidung zu verpassen.« (Renan, 17 Jahre)

»Welchen Beruf ich ausüben will, da dieser mich mein Leben lang begleiten wird.« (Wiebke, 16 Jahre alt)

Die 16-jährige Sita beschreibt ihr Dilemma so:

»Das Schwierige bei der Entscheidung, wie es nach der Schule weitergehen soll, ist, ob das, was man tut, der richtige oder der falsche Weg ist.«

Mit dieser Entscheidung verknüpft sie ihre größte Angst:

»Irgendwann alt zu sein und zu bereuen, dass ich keine Kinder wollte oder will, ein langweiliges Leben zu haben, nicht Erfolg im Beruf zu haben.«

Aus den Antworten der Jugendlichen spricht ihre Vorstellung, dass jede Entscheidung sitzen muss, dass es nur ein Entweder – Oder gibt und dann kein Zurück mehr. Dass es nicht möglich ist, kleine Schritte zu gehen, auszuprobieren, Fehler zu machen, sich neu zu orientieren. Und das bei einer unüberschaubaren Fülle an möglichen Wegen:

Knapp 22.000 Studiengänge gibt es allein in Deutschland. Dazu kommen rund 300 Ausbildungsberufe. Darüber hinaus ist noch viel mehr möglich: Praktika im Ausland, ein soziales Jahr in Deutschland, Frankreich, Argentinien oder anderswo, Jobben in

Cafés, Supermärkten, Büros, Veranstaltungsfirmen und so weiter. »Ist alles so schön bunt hier«, sang Nina Hagen. Aber was, wenn man vor lauter Farben die Konturen nicht erkennen kann?

Perfekt sein

Das Richtige tun, ist die eine Herausforderung, die andere: Das Richtige muss auf eine Weise getan werden, die »perfekt« ist. 99 Prozent gibt es nicht:

> »Meine größte Angst ist es, keinen passenden Beruf zu finden, mit dem ich 100 % zufrieden bin.« (Thea, 17 Jahre)

> »Ich habe große Angst davor, später im Leben etwas zu bereuen, was ich jetzt verpasse beziehungsweise nicht tue.« (Gero, 16 Jahre alt)

Perfekt sein, das ist ein Ziel, das sich durch alle Lebensbereiche zieht. Bestnoten in der Schule, bestes Aussehen auf Social Media, beste Freunde und Freundinnen, beste Freizeitaktivitäten.

Dazu stellt sich auch die Frage: »In wessen Augen muss es hundertprozentig richtig und das Beste sein?« und »Wer beurteilt das eigentlich?« Auch diese Fragen können großen Stress machen.

> »Meine größte Angst ist es, meine Eltern nicht glücklich machen zu können. Keinen guten Job zu kriegen.« (Mirko, 16 Jahre)

Manche sehen sich selbst stark mit den Augen ihrer Eltern. Andere wollen es denen zeigen, die sie nicht so gesehen haben, wie sie sich selbst sehen:

> »Ich möchte einfach Fußballprofi werden und es denen zeigen, die nicht an mich glauben.« (Rachad, 16 Jahre alt)

Um diese Fragen geht es meistens nicht: Was ist mein eigenes Maß? Wie finde ich heraus, was mich persönlich glücklich macht? Und: Ist ausreichend gut auch okay?

Viele empfinden den Stress, ihre Aufgaben nicht gut genug hinzubekommen oder nicht sofort hinzubekommen:

»Verzweiflung kommt bei mir zum Vorschein, wenn ich bei einer Sache mehrere Versuche brauche, bis ich sie schaffe«, so bringt der 17-jährige Levin auf den Punkt, was ihm Druck macht.

Nicht nur die Kinder und Jugendlichen leiden unter dem Druck, es nicht gut genug oder nicht schnell genug hinzubekommen. Erwachsene kennen das genauso.

Perfektionismus ist ein Arschloch nennt der Autor Attila Albert sein Buch zum Thema und fasst das Problem humorvoll in die Formel: »Wer so richtig scheitern will, nimmt sich am besten vor, alles perfekt zu machen.«[43] Das Bedürfnis oder sogar der Zwang zum Perfekten kann unfähig machen zu handeln.

Ziel ist, alles richtig zu machen, Fehler dürfen nicht passieren, sie könnten ja eine Schwäche offenbaren, die andere ausnutzen. Also müssen gute Noten her, man muss gut aussehen, das Leben muss stimmen. Stimmt es aber nicht, bei niemanden. Nicht zuletzt durch die sozialen Medien wird aber suggeriert, dass das perfekte Leben möglich ist, und junge Menschen sind dafür empfänglich. Sie sind ja gerade erst dabei, zu schauen, wie Leben überhaupt geht. Wie könnte das eigene Leben aussehen? Und so verharrt man im Träumen darüber, wie die eigene heile Welt sich gestalten könnte, die es ja andernorts zu geben scheint.

Angst, sich zu entscheiden, den falschen Weg zu gehen, die Angst zu versagen, verhindert oft, dass man einen Schritt machen kann. Und wenn alles perfekt sein muss, dann ist die Chance zu versagen ja auch relativ hoch. Und so fühlt man sich gefangen, nichts geht mehr. Es geht nicht vor und nicht zurück. Patt! – Eine unlösbare Aufgabe, an der man scheitern muss. Denn klar ist: Mehr geht immer. Es ist nie genug.

Junge Menschen drücken die »Pause-Taste«

Und dann kommt bei einigen jungen Menschen der Stillstand. Nichts geht mehr. »Jugendliche im beruflichen Standby« nennen die Forscherinnen und Forscher des Kölner Rheingold-Instituts Jugendliche, die nicht arbeiten, nicht zur Schule gehen und sich in keiner Ausbildung befinden.[44] Etwa 630.000 junge Menschen unter 25 sind es. Viele von ihnen könnten einen Ausbildungs- oder Studienplatz bekommen, aber sie kümmern sich nicht ausreichend darum.

Die Gründe dafür sind vielfältig. Das Rheingold-Institut hat in seinen Forschungen sechs typische Muster herausgefunden. Die Spannweite reicht von jungen Menschen, die sich selbst überschätzen, bis zu anderen, die kaum Selbstwertgefühl haben und sich gar nichts zutrauen:

- Der erste Typus verharre in einer »Wohlfühl-Welt«. Diese Jugendlichen und jungen Erwachsenen leben häufig noch bei ihren Eltern, haben Abitur, jobben gelegentlich und spüren keinen Druck, an dieser Situation etwas zu ändern. Sie fühlen sich finanziell unabhängig durch den Job, machen Sport, reisen und gehen feiern.
- Die zweite Gruppe nennen die Forschenden »Self-made-People«. Eine Ausbildung käme diesen jungen Menschen wie ein Karriereabsturz vor. Der ursprüngliche Nebenjob – etwa als Barkeeper – ist für sie bereits eine Hauptbeschäftigung geworden. Sie verdienen ausreichend Geld und können ihren Lebensunterhalt gut bestreiten.
- Der dritte Typ ist der »Chef-Einsteiger«. Diese jungen Menschen überhöhen sich und haben eine unrealistische Selbsteinschätzung. Ihre Vorstellung ist, dass sie von jetzt auf gleich zu Erfolg kommen. Etwa als Youtuber oder Influencer. Dieses Ziel verfolgen sie aber nur halbherzig, denn irgendwie ahnen sie, dass es nicht gelingen könnte. Hinter ihrer Überheblichkeit steckt genau das Gegenteil von Selbstbewusstsein, nämlich ein Mangel an Selbstwertgefühl.
- Dann gibt es die jungen Menschen, die sehr schlechte oder gar keine Abschlüsse haben. Sie sind oft wenig von ihren Eltern un-

terstützt worden, die selbst häufig ebenfalls keine abgeschlossene Berufsausbildung haben. Sie sind wenig informiert über mögliche Berufswege und haben sehr vage Vorstellungen von dem, was sie beruflich machen könnten. Auch ihr Selbstwertgefühl ist sehr gering und ihnen fehlt häufig der Mut, etwas allein durchzusetzen.
- Den fünften Typ nennen die Forschenden den »Schicksalsgeplagten«. Gemeint sind junge Menschen, die aus ungünstigen Familienverhältnissen stammen. Sie haben biografische Brüche erlebt, die Heimat verloren, waren zu früh auf sich gestellt. Manche leben in Wohngruppen. Sie ringen darum, ihren Alltag eigenverantwortlich zu gestalten. Berufliche Perspektiven stehen hinten an, da der Alltag erst mal gesichert werden muss und Traumata behandelt werden müssen.
- Der sechste Typus ist der oder die Jugendliche, die sich selbst als »Loser« erleben. Sie haben erfahren, abgewertet zu werden, fühlen sich minderwertig und haben eine geringe Frustrationstoleranz. Das führt dazu, dass sie wenig Eigeninitiative entwickeln. Ihre Schulabschlüsse sind häufig schlecht, ihre Eltern bieten keine wirkliche Unterstützung und so »verkriechen sie sich trotzig und reagieren abweisend auf Hilfsangebote«. Etwas Selbstbewusstsein gibt ihnen ihr Hobby, wie Sport, Gaming oder Make-up.

Als eine Ursache für diesen sich ausbreitenden Stand-by-Modus sehen die Forschenden des Rheingold-Instituts auch die Coronakrise. Weil in dieser Zeit notwendige Entwicklungsschritte nicht stattfinden konnten. Sich zu erproben in geschütztem Rahmen, war stark eingeschränkt. Schülerpraktika etwa, die Gelegenheit bieten für drei Wochen in die Berufswelt reinzuschnuppern, sind ausgefallen. Gleichzeitig waren viele Eltern überfordert, ihre Kinder aufzufangen.

Es ist nicht schwer, sich vorzustellen, wie schnell das Gefühl »Ich bin wichtig, ich bin etwas wert, ich habe einen Platz in dieser Welt« sich verflüchtigt, wenn es nicht gelingt, aktiv Erfahrungen zu machen und sich zu erproben. Mitzubekommen, dass man gebraucht und geschätzt wird. Was nicht wenige Jugendliche dann machen: Sie verkleinern ihren Radius. Ziehen sich in ihr »Schneckenhaus« zurück. Aus Angst, weitere Versagenserfahrungen zu machen. Aus Scham, dass andere sehen, dass man sich überfordert fühlt und mit dem Leben nicht klarkommt. Aus Angst, das Leben nicht zu schaffen.

Was können wir Erwachsenen tun?
Als Eltern können wir die Jugendlichen ermutigen, genau hinzuschauen, sich nicht blenden zu lassen von den sozialen Netzwerken und festzustellen: Auch bei anderen ist es nicht perfekt. Wir können unseren Kindern zeigen, dass kleine Schritte der Weg sind, um zum Ziel zu kommen, und dass Fehler erlaubt sind. Indem wir es ihnen vormachen, wie es geht, auf wichtige Dinge zu achten und gleichzeitig an nicht wichtigen Stellen »Fünfe gerade sein zu lassen«. Und indem es die Option gibt, mehrere Anläufe zu wagen. Es muss nicht beim ersten Wurf das passende Studium, die richtige Ausbildung sein! Ausprobieren, manchmal Scheitern und wieder aufstehen ist der Weg, damit sich etwas entwickeln kann. Klar ist: Auch junge Erwachsene brauchen uns noch. Nicht als Menschen, die sie belehren wollen, sondern als solche, die da sind, um Probleme zu besprechen, die Vorschläge machen und den Jugendlichen und jungen Erwachsenen zeigen, dass sie an sie glauben.

4. Angst vor Ausgrenzung

»Ich möchte unbedingt dabei sein.«

Kaugummis, Schokolade, Fußballbilder waren die Währung mit der Yves in der Grundschule versucht hat, Freunde zu finden. Er wollte so gern gesehen werden, dabei sein, dazugehören, wenn die anderen auf dem Schulhof spielen, aber irgendwie klappte es nicht von selbst. Also hat er versucht nachzuhelfen, durch Geschenke, kleine Gefallen, etwas, mit dem er die coolen Jungs für einen Moment auf sich aufmerksam machen konnte. Für einen Moment, denn sobald sie das Kaugummi im Mund hatten, wandten sie sich wieder ab. Am nächsten Tag hat Yves es wieder probiert und am übernächsten und dem Tag danach auch. Immer wieder, während er gleichzeitig wusste, dass das Interesse der anderen nicht wirklich ihm galt.

Drehen wir es mal um: Freunde zu haben, ist total wichtig. »Freundschaft ist eine Seele in zwei Körpern«, formulierte es der griechische Philosoph Aristoteles. Und er wusste: »Ohne Freunde möchte niemand leben, auch wenn er die übrigen Güter alle zusammen besäße.«
Freunde, die einem signalisieren: »Du bist liebenswert. Du bist nicht allein.« Sie geben einem das Gefühl, wichtig zu sein. Man ist nicht egal. Man hat eine Bedeutung. Wenn man unglücklich ist, halbieren sie das Leid, das man gerade hat, weil sie einen Teil davon auf ihre Schultern packen. Wenn man glücklich ist, machen sie mit einem zusammen Luftsprünge und verdoppeln die Freude.
Die 16-jährige Maike, die erlebt hat, dass die enge Beziehung zu ihrer Freundin auseinandergegangen ist, beschreibt es so: »Freundinnen sind sehr wichtig. Seit ich meine beste Freundin durch Vertrauensbruch verlor, fehlt sie mir sehr. Was mir am meisten fehlt, ist, dass wir viel gemeinsam unternommen haben. Und ... na ja, es ist einfach sie, die mir fehlt. Unser Kontakt war eigentlich sehr

stabil. Wir haben uns fast jeden Tag gesehen und uns kaum gestritten, denn wir teilten alle Geheimnisse und Interessen miteinander.«
Wenn man das hört, ist es so verständlich: Alle möchten dazugehören, zur Gruppe, zur Clique, zur Gemeinschaft, möchten beachtet werden, dabei sein, sich von anderen wahrgenommen und geachtet fühlen. Jeder möchte Freunde und Freundinnen haben.

In der Schule, auf dem Schulhof ist es wunderbar, wenn man sich schon auf die Pause freuen kann, darauf, mit seinen Freunden und Freundinnen zu spielen, mit ihnen zu sprechen, die neuesten Gedanken und Erkenntnisse des oder der anderen zu erfahren oder seine eigenen loszuwerden. »Wie beurteilst du die Entscheidung des Schiedsrichters gestern?«, »Was hattest du für einen Ärger mit deinen Eltern?«, »Wie gefällt dir der Neue in der Klasse?«, »Was können wir am Wochenende unternehmen?«

Der wohlwollende Blick der Freunde, ihr Interesse an meiner Meinung, an meinem Leben, stärken mein Gefühl von mir selbst, meine Meinung über mich, lassen mich meinen eigenen Wert mindestens doppelt wahrnehmen und schätzen.

Wer keine Freundinnen und Freunde in der Schule hat, macht vielleicht auch *solche* Erfahrungen: Manche Klassenkameradinnen oder -kameraden wenden sich ab, wenn man kommt. Man ist einfach nicht interessant für sie. Ein schreckliches Gefühl. Unwichtig sein, egal sein.

Schlimmer und sehr beschämend ist es, wenn andere einen ganz direkt ausgrenzen. »Du kannst nicht mitspielen, dieses Spiel geht nur zu dritt und wir sind schon drei.«

»Ich bin in Fußball nicht so gut und es gibt die 4a und die machen dann halt im Fußball immer Klassenspiele und dann sagen die, ich darf nicht mitspielen, weil das ein Klassenspiel ist … manche sagen dann auch, weil ich zu schlecht bin.«
(Robin, 10 Jahre)

Wie verletzend ist das und wie einsam fühlt man sich dann.

Die Angst, gemobbt zu werden

Das Gefühl, nicht gemocht zu werden, schlimmer noch niedergemacht zu werden, bewirkt, dass man sich wertlos fühlt.

»Meine größte Angst ist es, glaube ich, nicht gemocht oder akzeptiert zu werden – das spüre ich manchmal beim Sprechen mit neuen Personen.« (Julie, 16 Jahre alt)

Die Angst, nicht gemocht zu werden, teilt Julie mit vielen Menschen, Kindern und Erwachsenen. Genauso oder schlimmer als nicht gemocht zu werden, ist, wenn andere über einen lästern, hinter vorgehaltener Hand oder ganz offen. Herabwürdigung, das bedeutet, dass jemand andere auf respektlose Weise behandelt, dass er oder sie andere verächtlich macht und herabsetzt. Er oder sie grenzt andere aus und erniedrigt sie.

In der WDR-Kinderradio-Serie *Herzfunk* geht es regelmäßig um das Thema »Mobbing«. Es ist das Thema, bei dem die meisten Kinder anrufen oder schreiben. Es beschäftigt sie sehr und alle kennen es in irgendeiner Weise und wissen genau, wie es sich anfühlt:

»Man ist sehr traurig. Mir wurde immer wieder gesagt, dass ich eine Narbe auf der Nase habe und richtig hässlich aussehe. Dann habe ich mich versteckt und das keinem gesagt. Das, was die Person gesagt hat, hat sich immer weiter in mich reingefressen und dann bin ich immer schüchterner geworden.« (Mieke, 9 Jahre alt)

»Also man fühlt sich ja ängstlich, weil man allein ist und niemanden hat, der einem hilft, aber man ist auch traurig, weil die anderen halt nicht helfen.« (Mark, 10 Jahre)

»Wenn man gemobbt wird, fühlt man sich so, als wäre man der dümmste Mensch der Welt und die anderen denken halt, sie wären cool.« (Johann, 9 Jahre)

Mobbing zeichnet sich vor allem dadurch aus, dass es nicht nur mal ärgern oder schubsen ist, sondern dass die Herabwürdigung gezielt und immer wiederkehrend ist. Kinder und Jugendliche, die Mobbing erleben, werden immer wieder von denselben Leuten ausgegrenzt, gehänselt, abgewertet, es werden Ranzen versteckt, Geld wird erpresst, sie werden abgefangen, geschlagen, getreten oder durch eine andere Form von Gewalt niedergemacht.

Mobbing kann traumatisch sein

»Seid ihr schon mal gemobbt worden?«, haben eine Kollegin und ich 12- bis 15-jährige Mädchen einer Mädchengruppe gefragt. Alle hatten das schon erlebt. Einerseits sind die Erfahrungen ganz unterschiedlich, dann aber auch wieder ganz ähnlich. Immer wieder wird Martha von zwei, drei Jungs aus ihrer Parallelklasse »Vampir« oder »Dracula« genannt, weil sie zwei etwas höher stehende Zähne hat. Sie wird geschubst, ausgelacht, verhöhnt, an der Bushaltestelle abgefangen, auf dem Schulhof eingekreist. »Du bist hässlich – dass du dich überhaupt aus dem Haus traust!« Auch in der Stadt ist sie nicht vor Angriffen sicher.

An Vera veranstalten die Mitschüler und Mitschülerinnen regelmäßig Geruchsproben. Sie kommen ihr nah, schnüffeln an ihr: »Du stinkst«, »Wasch dich mal«, »Du hast ja immer die gleichen Klamotten an. Hast du keine anderen?«, »Seid ihr so arm, dass ihr euch keine Seife leisten könnt?« Der Geruch ist ein elementares, ein körpernahes, intimes, ein sehr verletzendes Mobbing-Thema.

Lia ist etwas untersetzt. Sie hat zwar eine große Klappe und lässt sich nichts gefallen, aber auch sie wird fertiggemacht: »Du bist fett«, »Du hast Schweinchenaugen«, »Du Schlampe«. Sie wird geschubst, getreten und geschlagen.

Traurige Geschichten, von denen viele Schülerinnen und Schüler erzählen können. Sie wissen, wie es sich anfühlt, verletzt zu werden. Und sie leiden darunter. Durch die Sozialen Medien ist es heute so, dass es keinen sicheren Ort mehr gibt. Jede und jeder kann zu jeder Zeit über jeden und an jede Person Nachrichten verschicken. Es gibt keinen Moment am Tag, an dem man vor den Angriffen und Verletzungen sicher ist.

Die Geschichte der 15-jährigen Kanadierin Amanda Todd zeigt, welche Ausmaße es annehmen kann: Als sie die siebte Klasse besuchte, gerade mal 12 Jahre alt, setzte sie sich vor eine Webcam, um neue Leute zu treffen und zu reden. Hier bekam sie Anerkennung von einem vermeintlichen Freund. Sie sehe »toll« aus, »schön«, »perfekt«. Irgendwann wollte ihr Bewunderer mehr sehen, er wollte, dass sie sich vor dem Bildschirm entblößt. Sie hatte ein komisches Gefühl, aber er war so nett und er schenkte ihr Aufmerksamkeit, also tat sie es. Und dann erpresste er sie. »Wenn du keine Show für mich hinlegst, schick ich deine Titten rum«, schrieb er. Und so ging es weiter. Sie bekam Angst und Panikattacken. Der Bewunderer baute eine Facebook-Seite mit ihrer nackten Brust als Profilfoto. Er schickte das Bild an ihre Freunde, Mitschüler und Verwandte. Klassenkameraden versendeten es sich auf ihren Smartphones. Amanda wurde von allen gemieden. Man tuschelte über sie und beschimpfte sie. Rückendeckung bekam sie nirgendwo. Sie wechselte die Schule. Dreimal. In der neuen Schule saß sie allein. Als sie sich mit einem Jungen anfreundete, trommelte seine Freundin fünfzehn Leute zusammen. Sie beschimpften Amanda, schlugen sie zusammen, filmten das Ganze und stellten es ihrerseits ins Internet. Sie machte einen Selbstmordversuch. Als sie aus dem Krankenhaus nach Hause kam, las sie bei Facebook, sie solle ein anderes Bleichmittel nehmen, mit dem sie dann hoffentlich sterben würde. Dann hat sie eine Überdosis genommen, kam wieder ins Krankenhaus und wurde nach zwei Tagen entlassen. Sechs Wochen später hängte sie sich in ihrem Zimmer auf.

Eine extreme Geschichte, die die unglaubliche Verzweiflung, die Ausweglosigkeit zeigt. Kein Einzelfall. Der 13-jährigen Amerikanerin Megan Meier erging es ähnlich. Sie hatte sich in eine Internetbekanntschaft verliebt. Irgendwann wandte sich der virtuelle Freund von ihr ab und hetzte die Onlinegemeinde MySpace gegen sie auf. In Wahrheit steckten hinter dem Profil des Jungen eine ehemalige Freundin und deren Mutter. Auch Megan nahm sich das Leben.

Die Geschichte der 14-jährigen Laura aus Deutschland, die sich auf Wunsch eines Freundes vor der Kamera selbst befriedigt und ihm das 20-sekündige Video zuschickt, verläuft ähnlich, auch wenn Laura sich nicht das Leben genommen hat.

Was ihnen gemeinsam ist: Sie alle sehnen sich nach Anerkennung, Bestätigung, nach Freundschaften. Täter und deren Umfeld argumentieren häufig, dass sie doch selbst schuld seien. Warum haben sie das auch gemacht? Auch Laura musste sich von ihrer Mutter fragen lassen, ob sie die Mutter der Nutte der Stadt sei. Ihre Verzweiflung wurde noch größer.

Mobbing und sexuelle Übergriffe im Internet passieren täglich und Mädchen machen häufiger unangenehme Erfahrungen als Jungen.

Noch eine Mobbing-Medien-Geschichte, die so oder so ähnlich tagtäglich passiert: Die dreizehnjährige Natascha ist bei WhatsApp immer wieder in eine Gruppe hineingekommen, obwohl sie das nicht wollte. Sie ist immer wieder ausgestiegen. Der sogenannte Gruppenleiter, das ist in der Regel der, der die Gruppe gründet, hat sie immer wieder reingeholt. »Komm, lass uns Natascha in die Gruppe holen und sie dann wegmobben«, hatte er als Parole ausgegeben. In der Gruppe waren Freunde ihrer Klassenkameraden. Die Mitglieder der Gruppe haben ihr dann massiv und verhöhnend ihre Liebe erklärt. »Mich hat das fertiggemacht«, erzählt Natascha, »ich bekam 500 Nachrichten pro Stunde.« Dann ist sie aus der Gruppe ausgetreten und hat alle gesperrt. Außerdem hat sie ihre Lehrerin informiert.

Das sind leider keine Einzelfälle. Es gibt dazu erschreckende Zahlen: Jeder zweite Fünftklässler ist von Gewalt betroffen. Jeder sechste Schüler, jede sechste Schülerin wird gemobbt. Mobbing unter Kindern und Jugendlichen findet zu 80 % in der Schule statt. In der Pause auf dem Schulhof oder auf der Schultoilette. Manchmal auch auf dem Schulweg. Gewaltübergriffe sind besonders häufig bei Schülerinnen von 8 bis 14 Jahren.

Der Sinus- Jugendbericht 2023/2024 befragt 14- bis 17-Jährige zu vier Schwerpunktthemen: Zukunfts-Zufriedenheit, Cybermobbing, Klimawandel und künstliche Intelligenz.

61 % der Befragten haben in irgendeiner Form Erfahrung mit Cybermobbing. Mehr als 50 % haben mitbekommen, dass jemand im Internet gemobbt wurde. Selbst betroffen waren 16 % und selbst gemobbt haben nach eigenen Angaben 4 %.[45]

Das Robert-Koch-Institut veröffentlicht im *Journal of Health* (1/2024) folgende Zahlen: Rund 14 % der 11- bis 15-Jährigen haben direkte Erfahrungen mit schulischem Mobbing oder Cybermobbing als Gemobbte oder Mobbende. Heranwachsende, die sich als gender-divers bezeichneten, gaben besonders häufig Mobbing-Erfahrungen an.

Die psychischen Auswirkungen sind katastrophal: »Cybermobbing führt zu gravierenden gesundheitlichen Folgen bei den Betroffenen: Körperliche Beschwerden wie auch psychische Auswirkungen belasten die Kinder und Jugendlichen. Die Studie zeigt, dass sich Betroffene vor allem verletzt fühlen (58 %). Viele gaben auch an, wütend oder verängstigt zu sein. Erschreckendes Ergebnis: Jede bzw. jeder Sechste hat aufgrund von Cybermobbing schon zu Alkohol, Tabletten oder Drogen gegriffen – fast jede bzw. jeder Vierte äußerte Suizidgedanken.«[46] In der Praxis erlebe ich, dass sich Mobbing-Erfahrungen richtig festsetzen können. Erwachsene, die als Kinder Mobbing erlebt haben, und denen nicht geholfen wurde, die es also nicht bearbeiten konnten, tragen dieses schreckliche Gefühl weiter mit sich herum.

Mobben gegen die Angst

Mobbing dreht häufig noch eine andere Schleife. Manche Kinder, die gemobbt werden, mobben später auch. Ihre Erfahrung war so schrecklich, dass sie sich schwören: »Das möchte ich nie mehr erleben.« Lieber selbst mobben, zu der Gruppe der Mobber gehören, als gemobbt zu werden.

So versuchen sie – oft unbewusst –, ihre schrecklichen Erfahrungen zu bearbeiten. Wenn man das einmal macht, heilt das natürlich die eigenen Wunden nicht dauerhaft. Eventuell gibt es kurz in dem Moment ein Hochgefühl, das dann schnell wieder abflaut. Also muss man es wiederholen. Ich habe Kinder gefragt, ob sie selbst schon mal gemobbt haben und wie das war. Einige haben offen darüber berichtet:

»Wenn man weiß, wie scheiße das ist, dann will man es nicht nochmal erleben und dann denkt man, wenn man es selbst macht, dann wird man auch nicht mehr gemobbt, weil die anderen dann denken: Oh, von dem halt ich mich lieber fern, der mobbt Leute.« (Mirko, 12 Jahre)

»Es hat Spaß gemacht … das Kind war traurig wegen mir und irgendwie hat es Spaß gemacht, dieses Kind voll zu mobben. Ich weiß nicht, ob ich es jetzt immer noch so sehen würde, aber da war es mir egal, was diese Person gefühlt hat. Ich hab mich echt krass gefühlt.« (Selda, 13 Jahre)

Diese Aussagen klingen »krass«. Nicht Mitgefühl, sondern Freude daran, andere unglücklich zu machen, ist das Gefühl, mit dem Selda ihr eigenes Mobber-Erlebnis zusammenfasst. Man würde denken, dass jemand, der selbst so etwas Schreckliches erlebt hat, nicht selbst zum Mobber wird und andere herabwürdigt. Aber manchmal ist es eben doch so.

Gewalt unter Schülerinnen und Schülern nimmt zu

»Soziale Kompetenzen« und »Selbstkompetenzen« sehen mehr als zwei Drittel der Lehrkräfte als »die aktuell wichtigsten Fähigkeiten an, die sie ihren Schülerinnen und Schülern vermitteln wollen, um sie bestmöglich auf die Zukunft vorzubereiten«. So heißt es in den Ergebnissen einer Online-Befragung unter Lehrerinnen und Lehrern, die im Auftrag der Robert-Bosch-Stiftung durchgeführt wurde. Und weiter: »Davon nennt knapp ein Drittel der Lehrerinnen und Lehrer explizit die Fähigkeiten Sozialkompetenz und Empathie.«[47]

Wie kommt es zu diesen Einschätzungen? Auch darüber gibt die Studie Auskunft: »Knapp die Hälfte der Lehrkräfte beobachtet psychische und physische Gewalt unter den Schülerinnen und Schülern, insbesondere an Schulen in sozial benachteiligter Lage sowie an Förder- und Sonderschulen.« Insbesondere dort, aber nicht nur dort.

Soziale Benachteiligung als ein Grund für Gewalt. Auch geringe Sprachkenntnisse der Schülerinnen und Schüler sowie eine sehr heterogene Zusammensetzung der Klassen werden neben Personalmangel, Arbeitsbelastung, dringendem Sanierungsbedarf der Schulgebäude unter anderen als Probleme benannt.

Ich habe den Kindern auch die Frage gestellt, warum ihrer Meinung nach Gleichaltrige andere Kinder mobben. Manche wussten den Grund ganz genau:

> »Warum mobben Leute? Weil sie selbst Probleme haben und dann die Wut an irgendeiner anderen Person einfach rauslassen wollen. Weil sie selbst einfach im Alltag Probleme haben.« (Jannis, 12 Jahre)

Was sind die Probleme der Kinder und Jugendlichen? Sie sind vielfältig:

Angst verbreiten, um sie abzuwehren

Die Probleme der Kinder und Jugendlichen haben auch mit dem Thema Angst zu tun. Mobben als Angstabwehr ist ein Grund: Wenn ich der oder die Böse bin, dann kann ich Leute erschrecken, abkanzeln, fertigmachen, ihnen Angst einjagen und mir selbst passiert es nicht. »Identifikation mit dem Angreifer«, nennt man diesen Abwehrmechanismus, den die Psychoanalytikerin Anna Freud in ihrem Buch *Das Ich und die Abwehrmechanismen* einleuchtend beschrieben hat.[48] Anna Freud berichtet von einem Mädchen, das ihre Angst vor Gespenstern bannt, indem sie selbst zum Gespenst wird. Durch die Verwandlung kommt sie aus ihrer Passivität, dem Gefühl der Ohnmacht heraus. Sie handelt und kann gestalten und so ihre Angst bannen. Sie verwandelt sich von der bedrohten Person in die Person, die selbst bedroht. So kann es bei Kindern und Jugendlichen, die selbst Mobbing-Erfahrungen haben und dann zu Mobbern werden, auch geschehen. Im Fall des Mobbens wird die Angst, selbst erniedrigt zu werden, abgewehrt.

Der Einfluss der Erwachsenen

Kinder und Jugendliche erleben seelische und körperliche Gewalt nicht nur durch Gleichaltrige. Manche erfahren vielfältige Herabwürdigungen durch Eltern, Verwandte und auch durch Lehrerinnen und Lehrer.

Ständig kritisiert zu werden, in der Bewertung der Erwachsenen »nichts richtig zu machen«, ist auch seelische Gewalt. Manche Kinder werden runtergemacht, beleidigt und zum Sündenbock erklärt für alles, was in der Familie schiefläuft. Im Gegensatz dazu gibt es in manchen Familien ein oder mehrere Geschwister, die immer bevorzugt und gelobt werden. Manche Eltern sorgen für Verunsicherung, indem sie in Gegenwart des Kindes über den anderen Elternteil herziehen und ihm keinen wohlwollenden Zugang zu ihm ermöglichen.

Wieder andere beziehen ihr Kind in alle ihre Probleme mit ein und bringen es in die Position, sich für alles, vor allem für das Wohlergehen der Eltern verantwortlich zu fühlen.

Jona erzählt von seiner Angst, die er als Kind vor seinen Eltern hatte. Für alles, was in der Familie schieflief, bekam er die Schuld zugeschoben. Und was sie genau als »schief« betrachteten, das wusste er häufig nicht. Er konnte es nur erahnen und so hatte er seine Antennen immer ausgefahren. Etwas war umgefallen, man hat das falsche Butterbrot genommen, hatte nicht die »richtige« Jacke an oder war einfach überhaupt nur da. Manchmal setzte er sich morgens an den Tisch und sagte freundlich »Guten Morgen« und seine Mutter entgegnete »Du schon wieder«. Sie strafte vor allem mit Liebesentzug. Oft redete sie tagelang nicht mit ihm. Der 16-jährige Milan erzählt, dass sein Vater alle seine Kontakte kontrolliert. Er darf keine Freundin haben, sich nicht mit Freunden treffen, nichts tun, von dem der Vater nichts weiß. Wenn er ihm etwas erzählt, wird es verboten, und er, Milan, bestraft. Nach der Schule muss er direkt nach Hause kommen. Dort muss er sich dann die restliche Zeit des Tages aufhalten. Die Stimmung ist eisig. Alles, was Milan sagt oder tut, wird vom Vater runtergemacht. Seine Mutter hält sich komplett raus, lässt den Vater gewähren. Sie hat selbst Angst vor ihm. Milan ist in der Schule schon aufgefallen, weil er sich geprügelt hat und andere Jungs auf dem Schulhof beleidigt. Wie soll er sich denn sonst wehren, wenn sie ihn aufziehen mit seiner schiefen Nase und seinen No-Name-Sneakern? Eine andere Strategie hat er nicht gelernt und die Wut und Enttäuschung und Traurigkeit, die er zu Hause erlebt, muss ja auch irgendwo hin.

Manche Kinder werden bedroht und eingeschüchtert, ihnen wird Angst gemacht und sie werden von Außenkontakten abgeschnitten, eingesperrt und nicht beachtet. Eltern entziehen ihren Kindern ihre Liebe, indem sie tagelang nicht mit ihnen sprechen, sie würdigen sie herab durch demütigende Gesten, wie die Augen zu verdrehen oder den Kopf zu schütteln, um ihre Missbilligung darüber zum Ausdruck zu bringen, was das Kind vermeintlich Schlimmes getan hat.

Kinder, die seelisch von ihren nahen Bezugspersonen misshandelt wurden, haben in der Regel keine gute und sichere Bindung zu ihnen. Das heißt, sie haben keinen sicheren Ort, von dem aus sie in die Welt gehen können. Den suchen sie dann aber dringend woanders, möglicherweise bei Menschen und an Orten, wo sie ebenfalls nicht in Sicherheit sind und nicht die Anerkennung bekommen, die sie brauchen.

Manche suchen auch Sicherheit, indem sie sich kleinmachen, sich unsicher zeigen und so eher wieder Opfer von Mobbing, von Herabwürdigung und Gewalt durch andere werden.

Das erzählt Alina. Sie hat zu Hause vor allem eines erlebt: Eltern, die sich ständig gestritten haben, die sich nur mit sich selbst beschäftigt haben. Alina hat alles versucht, um gesehen zu werden, um Anerkennung zu bekommen. Sie hat geschrien, gemeckert, versucht zu vermitteln zwischen den streitenden Eltern. Nichts hat geholfen. Also hat sie in der Schule versucht, Anerkennung zu bekommen. Aber wie geht das? Sie war laut, hat sich in die Spiele der anderen reingedrängt, wollte vorschreiben, was gemacht wird und immer dabei sein. Das Ergebnis: Sie wurde in der Schule auch nicht beachtet, ausgegrenzt, letztendlich gemobbt.

Das Allermeiste geht auf die Kindheit zurück. Das wusste schon Sigmund Freud, der Begründer der Psychoanalyse. Meine Mutter, eine klassische Psychoanalytikerin hatte nach jahrelanger praktischer Arbeit in ihrem Beruf diese Erkenntnis aus erlebter Erfahrung. Sie sagte in einem Gespräch: »Nachdem ich jetzt 20 Jahre lang als Psychoanalytikerin tätig bin, ist mir wirklich klar, dass Freud Recht hatte mit seiner Erkenntnis: Es geht alles auf die Kindheit zurück.«

Was damit gemeint ist, bestätigen heute zahlreiche Wissenschaftlerinnen und Wissenschaftler aus unterschiedlichen Bereichen. Forscher der Universität Leipzig untersuchten in einer Studie den Zusammenhang zwischen emotionaler Vernachlässigung in der Kindheit und Gewaltbereitschaft. Sie befragten 1.366 Kinder und Jugendliche zwischen 14 und 16 Jahren zu Persönlichkeitsmerkmalen, zur Gewaltbereitschaft und dazu, ob sie in den vergangenen 12 Monaten Gewalt beobachtet haben. Ihre Ergebnisse: Kinder und Jugendliche, die strafende und kontrollierende Eltern hatten, neigen eher zu »sogenannten dunklen Persönlichkeitseigenschaften«. Dazu zählen sie Personen mit Narzissmus, also Menschen, die vor allem selbstverliebt sind und sich selbst dabei überschätzen. Auch Menschen mit sogenanntem »Macchiavellismus«, die sehr manipulativ sind und extrem nach Macht streben. Und als drittes die Psychopathen. Damit sind Personen gemeint, die nicht empathisch sind, sich nicht verantwortlich für andere fühlen, sich antisozial verhalten. Diese Merkmale einerseits und das Erleben und Beobachten von Prügeleien unter anderen Jugendlichen andererseits führen zu einer hohen Bereitschaft, selbst Gewalt anzuwenden, oder die Gewalt, die andere ausüben, zu befürworten.[49]

Der Soziologe und Friedensforscher Franz Jedlicka schrieb mir, als mein Buch mit dem Titel *Wann ist endlich Frieden?*[50] erschienen ist: »Es mag auf den ersten Blick zu einfach klingen – ich denke, ich habe eine Antwort auf die Frage, wann Frieden gefunden ist: Dann nämlich, wenn weltweit die Prügelstrafe in der Kindererziehung verboten wird.«[51] (Derzeit ist sie in zwei Dritteln der Länder der Welt noch erlaubt).

Körperliche Gewalt ist das eine, was Kinder erleben. Sie lernen daraus: Wenn mir etwas nicht gefällt, wenn ich etwas durchsetzen möchte, wenn die Wut in mir aufsteigt, dann muss ich Gewalt anwenden – gegen mich selbst oder gegen andere. Mit psychischer Gewalt ist es ähnlich: unbearbeitete Traumata, die wir in der Kindheit erfahren haben, tragen wir mit uns herum und übertragen sie auf die Menschen, mit denen wir später zu tun haben: Partnerinnen, Partner, Freunde, Freundinnen, Arbeitskolleginnen und -kollegen und vor allem auf unsere Kinder. Sie können sich nicht wehren. Und schauen sich aber am Verhalten der Erwachsenen ab, wie man mit Schwierigkeiten umgeht beziehungsweise besser nicht umgehen sollte.

Was können wir Erwachsenen tun?
Was bedeutet das für die Erziehung der Kinder: Kinder müssen gewaltfrei erzogen werden, frei von seelischer und körperlicher Gewalt. Das ist klar.

Noch mehr: Es ist wichtig, dass sie Mitgefühl erfahren, wenn es ihnen nicht gut geht. Nur so können sie lernen, selbst Mitgefühl für sich und andere zu entwickeln.

Und ganz klar: Eltern, die sich selbst nicht anders zu helfen wissen, als ihre Kinder mit seelischer oder körperlicher Gewalt zu erziehen, müssen sich Unterstützung in Erziehungsberatungsstellen und Selbsthilfegruppen holen.

Genauso wichtig wie der respektvolle Umgang zu Hause, ist es, dass in Schulen respektvoll mit den Kindern umgegangen wird. Während meinen Interviews bin ich mit einem Lehrer durch eine große Gesamtschule gegangen. Er hielt

Schülerinnen und Schülern die Tür auf und begrüßte diejenigen, die er kannte, freundlich mit Namen. So einfach und so wirkungsvoll. Die Kinder werden von ihrem Lehrer gesehen und beachtet.

Maximal sinnvoll sind Präventionsmaßnahmen gegen Gewalt, gegen Rassismus und für Empathie und soziales Miteinander an Schulen. Ganz wichtig: Solche Unterstützungsmaßnahmen dürfen keine Eintagsfliegen sein. Sie müssen regelmäßig und dauerhaft stattfinden.

5. Angst vor Einsamkeit
Wenn sich niemand für einen interessiert

Wer keine Freunde oder Freundinnen hat, ist sehr allein mit seinen Gedanken und Gefühlen, kann sie nicht teilen und nicht abgleichen mit anderen. Wer keine Freunde hat, erfährt auch nichts von den Gedanken und Gefühlen der anderen. Er bleibt in seiner Welt relativ allein.

Was daraus folgt, ist sehr traurig: Man fühlt sich einsam, unwichtig, irgendwie egal.

Auf dem Schulhof, während der Klassenfahrt, bei Gruppenarbeiten kommt noch etwas dazu: Ein unendliches Schamgefühl.

Alle sehen, dass man allein dasteht, dass man nicht dabei ist, dass niemand mit einem Zeit verbringen, in einer Gruppe sein, auf der Klassenfahrt das Zimmer teilen möchte. Alle bekommen mit, dass man keine Freunde, noch nicht mal gute Bekannte hat.

Man kann sich gut vorstellen, was Einsamkeit, allein über den Schulhof zu wandern, bedeutet. Ich bin auch eine Zeitlang allein über den Schulhof gewandert. Mir grauste es vor den Pausen, in denen jede sieht, dass ich allein bin, dass niemand mit mir zusammenstehen wollte. Und mir grauste es davor, mitzukriegen, wie die Mädchen aus meiner Klasse – ich war auf einer reinen Mädchenschule – hinter vorgehaltener Hand über mich sprachen: »Guck mal, da geht sie wieder allein.« Oder wenn ich mal probierte, mich irgendwo anzuschließen: »Sie rennt euch hinterher.« Einer Mitschülerin werde ich nie vergessen, dass sie auf diesen Satz entgegnete: »Na und, lass sie doch.« Wenigstens stimmte sie nicht mit ein in den Chor der hämischen Lästerer.

Wenn da niemand ist, mit dem man sich auf dem Schulhof verabreden kann, der oder die in der Schule auf einen wartet und sich freut, wenn man kommt, das ist richtig bitter und lässt manchmal ganz finstere Gedanken im Kopf aufscheinen. Manche Kinder und Jugendlichen ziehen sich dann zurück. Manche verzweifeln. Manche gehen allein herum, setzen sich auf eine Treppe oder in eine Ecke, abseits der anderen, lesen etwas oder schauen auf ihr Handy oder einfach traurig vor sich hin. Und manchmal suchen sie verzweifelt nach einem Grund, gar nicht mehr in die Schule zu müssen: Bauchschmerzen, Übelkeit, Kopfweh. Manche gehen zwar zu Hause los, kommen aber nicht in der Schule an.

Andere tun eine Menge dafür, um dabei zu sein: Sie bringen, wie Yves, ihren Klassenkameraden Kaugummis mit, bieten Schokoriegel an oder leihen ihnen Geld. Manche gehen noch weiter. Sie versuchen, die Aufmerksamkeit der anderen zu erlangen, indem sie sich auf »Mutproben« einlassen: Im Kaufhaus einfach mal eine Handy-Karte einstecken, in der Pause eine Flasche Schnaps leeren oder sehr lange an einer Tüte mit Klebstoff schnüffeln. Alles, um anerkannt zu werden und vielleicht doch dazugehören zu können, zu den anderen. Dabei versuchen sie zu ignorieren, dass sie sich vielleicht die Freundschaft der anderen erkaufen, dass da irgendwas nicht stimmt mit der kurzfristigen Freundlichkeit, die andere zeigen, dass die Bewunderung nicht echt ist und hinter vorgehaltener Hand oder ganz offen abfällig über sie geredet wird. So hoffen sie, etwas zurückzubekommen als Gegenwert zu den Bestechungsgütern, die sie mitgebracht haben, oder für ihren »Mut«, sich in waghalsige Situationen zu begeben.

Einsamkeit kann krank machen

Einsam – Allein sein
Allein sein ist nicht gleich einsam sein. Allein sein ist erst mal nur ein Zustand. In dem Zustand des Alleinseins ist man für sich. Vielleicht fühlt man sich sogar eins mit sich: »Ich brauche gerade niemanden, ich genüge mir.« Das Gefühl der Einsamkeit ist ein anderes: Einsam zu sein, damit ist in der Regel gemeint, dass etwas fehlt. Dass man sich traurig fühlt und dass dieser Zustand nicht unbedingt frei gewählt ist. Häufig ist er verbunden mit dem Gefühl, abgelehnt zu sein, missverstanden, allein gelassen, nicht geliebt zu werden.

Die Schweizer Psychotherapeutin Verena Kast beschreibt die Verzweiflung darüber, nicht dazuzugehören. Und sie zeigt auf, was passiert, wenn wir keine guten Abwehrstrategien haben, die uns helfen, mit diesem Gefühl, nicht richtig zu sein, ausgeschlossen zu sein, umzugehen. Man fühlt sich »mutterseelenallein.« Die eigene Aktivität nimmt ab. Kast erinnert daran, wie kleine Kinder reagieren, wenn sie von ihren Beziehungspersonen verlassen werden. Ihre »Vitalität«, ihre »Erkundungs- und Spielaktivität« nehmen ab, »die Stimmung sinkt«, die Kinder »weinen, schreien und werden passiv«. Diese Stimmungen, so Kast, tauchen im Erwachsenenleben auch noch häufig auf. Bei Jugendlichen, die sich in einer Umbruchphase befinden, die besonders sensibel, offen und unsicher sind, ist es auch so.

Verena Kast schlussfolgert: »Wenn wir die Einsamkeit fürchten, fürchten wir nicht einfach ein paar Stunden Alleinsein oder auch ein paar Tage des Alleinseins, sondern wir fürchten in diesen apathischen Zustand zu fallen, in dem wir eben nicht mehr verzweifelt wüten, sondern nur noch passiv verzweifelt sind, leer, gelangweilt.«[52]

Wie schlimm und wie krankmachend Einsamkeit sein kann, das haben Mitarbeiterinnen von Organisationen und Politikerinnen schon länger erkannt. Schon bevor es Corona gab, stand das Thema »Einsamkeit« auch in der Politik auf der Tagesordnung. In Japan gibt es einen Einsamkeitsminister. Er wurde nach der Corona-Pandemie eingesetzt, weil die Zahl der Selbstmorde, insbesondere von Jugendlichen und Frauen, stark gestiegen war. In Großbritannien gibt es schon seit 2018 ein Einsamkeitsministerium. Das wurde ins Leben gerufen, nachdem man festgestellt hatte: Neun Millionen Briten fühlen sich einsam. Seither werden in Großbritannien regelmäßig Studien durchgeführt, Projekte, wie zum Beispiel eine Männerwerkstatt, aufgebaut. Es wird öffentlich über das Thema gesprochen, etwa in einer »Einsamkeitsbewusstseinswoche«. Plakate werden aufgehängt, auf denen alle Gefühle benannt werden: »Happy, sad, tired, lonely, angry, anxious, romantic …« (glücklich, traurig, einsam, ärgerlich, ängstlich, romantisch).

Wenn man an Einsamkeit denkt, dann fallen einem vielleicht zuerst ältere Menschen ein. Menschen, die im Alter vereinsamen, weil sie durch die Arbeit nicht mehr eingebunden sind, niemanden mehr regelmäßig treffen und zusätzlich vielleicht ihren Partner oder ihre Partnerin verloren haben. Oder Menschen, die vielleicht zu wenig Geld zur Verfügung haben, um an kulturellen Veranstaltungen teilzunehmen, und die sich dafür schämen und von ihren Freunden zurückziehen.

Einsamkeit ist kein exklusives Seniorenthema. Es betrifft nicht nur ältere Menschen. Einsamkeit ist auch ein großes Thema vieler Kinder und Jugendlicher. Auch in Deutschland.

Das Robert-Koch-Institut hat vor einiger Zeit eine Langzeitstudie durchgeführt: Demnach fühlten sich 4,2 % der befragten 11- bis 17-Jährigen oft oder immer einsam. Mädchen hatten dieses Gefühl häufiger als Jungen.

Eine neue Studie, die nach der Pandemie von der Landesregierung Nordrhein-Westfalen in Auftrag gegeben wurde und von Forschenden der Universitäten Bochum, Dortmund und Duisburg-Essen durchgeführt wurde, kommt zu deutlich höheren Zahlen: Zwischen 16,3 und 18,5 % der älteren Jugendlichen und jungen Erwachsenen fühlen sich demnach stark einsam. Das ist fast jeder Fünfte. Bei jüngeren Jugendlichen sind es zwischen 3,7 und 11,1 %. Auf die Frage, ob die Studienteilnehmerinnen und -teilnehmer sich »moderat« einsam fühlen, antworteten 51,2 bis 78 % mit »Ja«. Bei den jüngeren Jugendlichen waren es 27 bis 68,2 %.[53]

Sich einsam zu fühlen, kann, wenn man aus dem Gefühl nicht herauskommt, in einen Teufelskreis führen: Viele Menschen, die sich einsam fühlen, ziehen sich zurück und schotten sich nach außen ab. Was dann passiert, ist, dass die Umgebung rätselt, was mit ihnen los ist und sie als »sonderbar« oder »komisch« wahrnimmt. Das wiederum kann dazu führen, dass die anderen sich abgrenzen und nichts mit einem zu tun haben wollen. Mehr noch: Vielleicht wird man dann erst recht von der Gruppe abgelehnt und hat keine Chance mehr, dazuzugehören. Vielleicht machen sich andere über einen lustig, spekulieren, was mit einem los ist, reden abfällig über einen. Vielleicht wird man sogar gemobbt, beschämt oder tätlich angegriffen. Wenn das passiert, zieht man sich noch weiter zurück, man ist noch einsamer, noch trostloser.

Gregor Samsa, der sich eines morgens als Käfer in seinem Bett wiederfindet, wird auf Social Media Kanälen wie Tiktok und Instagram von vielen jungen Menschen als Symbol für das Einsamkeitsgefühl gesehen: Der Autor Christian Teetz macht in einem Artikel anlässlich des 100. Todestages Franz Kafkas unter anderem auf die Bedeutung des berühmtesten Kafka-Werkes »Die Verwandlung« aufmerksam: Gregor Samsa, ein Handlungsreisender, der mit seiner Arbeit seine Familie ernährt und doch von ihr verstoßen und ausgegrenzt, nicht mehr als Familienmitglied betrachtet wird, sondern als Ungeziefer und »Störkörper«.

Teetz analysiert, was die Erzählung vermittelt: »wie es sich anfühlt, ausgegrenzt zu sein, nicht richtig verstanden zu werden, einsam an der Welt zu verzweifeln.« Ein Gefühl, das auch die Jugendlichen während der Corona-Pandemie erfahren haben. Und Teetz zitiert einen oder eine Tiktok-User:in: »Zu wissen, dass die ʼVerwandlungʼ eine Metapher für diejenigen ist, die die Hoffnung und den Willen zum Leben verloren haben und von Menschen verlassen wurden, weil sie einfach nutzlos zurückblieben und das wahre Gesicht unserer Gesellschaft zeigen, ist sehr traurig.« Die Kommentare zu diesem Post: »Ich liebe Franz Kafka«, »Ich bin Gregor Samsa« oder »Ich glaub no joke Kafka ist eigentlich cool«.[54]

Ich habe vor einiger Zeit im Rahmen einer Dokumentation für das ZDF mit Jugendlichen der Jahrgangsstufen 9 und 10 über das Thema gesprochen. Das war zu Beginn der Corona-Pandemie. Zuallererst wurden sie schriftlich und anonym gefragt, wie häufig sie sich einsam fühlen. 83 Schülerinnen und Schüler nahmen an der Befragung teil: 9,6 % gaben an, dass sie sich oft oder immer einsam fühlten. Mädchen häufiger als Jungen. Wobei nicht klar ist, ob möglicherweise Jungen es nicht so leicht zugeben können wie Mädchen, weil das Thema schambehaftet ist und man eine »Schwäche« zumindest vor sich selbst zugeben müsste. Wir haben den Jugendlichen auch eine offene Frage gestellt, die lautete: »Was fällt dir spontan ein, wenn du das Wort ʼEinsamkeitʼ hörst?« Einige Antworten waren sehr erschütternd. Sie bestätigen die Beobachtungen Verena Kasts, dass die Aktivitäten bei Einsamkeit abnehmen und apathische Gefühle zunehmen auch für das Jugendalter. Das Gefühl, einsam zu sein, kannten fast alle:

Was fällt dir spontan ein, wenn du das Wort »Einsamkeit« hörst?

»Mein Leben.«

»Dunkle Gedanken.«

»Im Stich gelassen zu werden.«

»Das Gefühl, von niemandem gehört oder gesehen zu werden.«

»Auch wenn man viel mit Freunden macht, fühlt man sich einsam. Niemand ist für dich da. Niemand versteht dich. Man fühlt sich nutzlos.«

»Wenn man das Gefühl hat, niemanden um sich herum zu haben, dass man auf sich allein gestellt ist, keiner an dich denkt, und niemand sich für dich interessiert.«

»Das Gefühl, nicht über meine Probleme reden zu können.«

»Ausgegrenzt von meinen besten Freunden. Social Media.«

»Man wartet in seiner Wohnung darauf, dass irgendetwas passiert. Man ist allein und versucht, sich durch irgendetwas abzulenken.«

»Zurückgezogen. In sich gekehrt. Verschlossen der Außenwelt gegenüber.«

»Wenn niemand in der Schule etwas mit dir machen will.«

»Niemanden zu haben, nicht mal ein Haustier, niemand um dich rum, den du gern magst.«

»Wenn du das Gefühl hast, du fällst in ein tiefes Loch und es wird immer schlimmer und du kommst nicht mehr ohne Hilfe raus.«

»Ich würde sagen, dass Einsamkeit kein schlimmes Gefühl ist. Das ist viel eher ein Ausgleich, um Freunde wert zu schätzen. Wenn man jedoch keine Freunde hat, gibt es nichts Schlimmeres.«

»Eine Person, die allein in ihrem dunklen Zimmer sitzt. Vorhänge sind zu, alles ist dunkel und die Person sitzt allein in einem schwarzen Kapuzenpulli auf ihrem Bett. Niemand ist in der Wohnung. Die Person ist einsam und hat keine Freunde, zwar Familie, aber die ist nie da. Traurig.«

Der Satz, der mich am meisten berührt hat, fasst vieles davon zusammen:

»Das Gefühl, der Einzige in seinem Leben zu sein.«

So viel Leere und das Gefühl, keinen Boden unter den Füßen zu haben, nicht wichtig zu sein und so viel Traurigkeit spricht aus dem, was den Jugendlichen eingefallen ist. Sie können sich gut einfühlen in das Thema Einsamkeit. Sie haben es selbst schon erlebt.

In der gemeinsamen Stunde habe ich zuerst einen Vortrag zum Thema Einsamkeit und darüber, welche Auswirkungen sie haben kann, gehalten. Es ging darum, was Einsamkeit ist, wie wichtig es ist, in Kontakt mit anderen zu sein. Es ging um Zahlen und um mögliche gesundheitliche Folgen von Einsamkeit: Einsamkeit ist so schädlich, wie das Rauchen von 15 Zigaretten täglich. Einsamkeit löst schmerzhafte, körperliche Symptome aus, die evolutionär betrachtet ein wichtiges Warnsignal sind: Wer den Anschluss an seine Gruppe verloren hatte, musste schnell eine neue finden, sonst drohte der Tod in der Wildnis. Anspannung, Nervosität, Unruhe,

Herzrasen, Beklemmungen, Schwindel und Schlafstörungen können eine Folge von Einsamkeit sein. Krankheiten wie Depressionen, Herzinfarkt, Schlaganfall, Demenz und Krebs können damit in Zusammenhang stehen.

Nach dem Vortrag haben wir diskutiert. Manche Jugendlichen haben interessiert zugehört, aber nichts gesagt. Einige konnten sich im Gespräch in dieser großen Gruppe offen äußern und über ihre einsamen Zeiten und Gefühle sprechen. Als sie in eine neue Klasse kamen, als ihre Freunde krank waren und sie selbst in der Pause niemanden hatten, der oder die auf sie wartete, als ihre Eltern sich getrennt haben und so sehr mit sich beschäftigt waren, dass niemand gefragt hat, wie es ihnen, den Kindern, geht. Im Anschluss an die Diskussion habe ich die Jugendlichen gefragt, wie sie es erlebt haben, in dieser Runde miteinander über das Thema »Einsamkeit« zu sprechen. Das Erstaunliche für viele war: Selbst die allercoolsten, diejenigen, die im Alltag immer von Freunden umgeben sind, die immer den Mund aufmachen, die immer etwas zu sagen haben, mit denen alle gerne befreundet wären, erleben Einsamkeit oder zumindest einsame Momente.

Es war eine sehr berührende Diskussion. Viele äußerten sich sehr erleichtert darüber, Informationen zu bekommen: »Es hat mir sehr geholfen, etwas über Einsamkeit zu erfahren«, sagten mir einige Schüler und Schülerinnen nach der Diskussion. Sie waren auch erleichtert darüber, dass sie über ein Gefühl, über das sie zum Teil noch nie gesprochen hatten, sprechen konnten: »Ich war so erstaunt, dass auch die, von denen ich es nicht dachte, sich manchmal sehr einsam fühlen. Ich dachte, es geht nur mir so.« Die erstaunliche und entlastende Erkenntnis: Gemeinsam über Einsamkeit zu sprechen, hilft. Man teilt ein Gefühl. Das verbindet. Man fühlt sich nicht mehr so einsam.

Wenn man das weiß, fällt es vielleicht leichter, auch die Einsamkeit auszuhalten. Sich mit ihr zu beschäftigen, wenn sie da ist, und zu schauen, ob ich in diesem Gefühl, das letztendlich jeder und jede kennt, auch etwas über mich selbst erfahren kann. Etwas, das mir hilft, auch gut mit mir allein sein zu können und dieses Gefühl nicht als Leere zu empfinden.

Was können wir Erwachsenen tun?
Es ist wichtig, dass Eltern aufmerksam sind, wenn ihre Kinder keine Freunde oder Freundinnen haben, wenn sie verstummen, traurig sind oder vielleicht auch besonders aggressiv. Und: Dass wir sie nicht allein lassen, dass wir da sind und ansprechbar. Dass wir fragen, wie es ihnen geht. Gehen wir ruhig mal den Tag unserer Kinder mit deren Augen durch. Wie fühlt er sich an?

Es wird den Kindern helfen, wenn wir mit ihnen sprechen, ihnen mitteilen, was wir beobachten und dass wir uns Gedanken machen. Vielleicht können wir auch von unseren Einsamkeitsmomenten erzählen, die wir hatten, als wir jung waren. Das Signal ist: Ich sehe dich. Du bist nicht allein. Und: Dieses Gefühl ist normal, jeder kennt es und wenn man es teilt, ist man schon nicht mehr ganz so allein.

6. Angst, dass das Leben bedroht ist

Letztendlich die Angst vor dem Tod

Die Angst um die eigene Existenz ist normalerweise keine Angst, die ständig bewusst da ist. Sie ist unbewusst. Wir wissen, dass wir alle irgendwann sterben und dass es bedrohliche, lebensbedrohliche Situationen gibt. Möglicherweise haben wir eine solche Situation auch schon erlebt.

Wer massiv herabgewürdigt, mit Gewalt bedrängt, bedroht wird, kennt die Angst davor, vernichtet zu werden, in seiner Existenz bedroht zu sein, letztendlich die Angst vor dem Tod.

Die Angst vor Vernichtung ist die Urangst. Sie steckt letztendlich in allen anderen Ängsten, wenn man sie zu Ende denkt. In der Angst vor Naturkatastrophen, vor Krieg, vor Pandemien, aber auch etwa in der Angst vor Ausgrenzung. Selbst wenn sie nicht sofort vor der Tür steht, ist sie im Hinterkopf und läuft mit.

Das wird deutlich an den Antworten, die Jugendliche auf folgende Frage geben: »Mit welchem Gefühl schauen Sie auf die Zukunft der Welt?«

Joshua, Paul und Ella machen sie am Klimawandel fest:

> »Es wird sehr wenig gegen die Erwärmung des Klimas getan, weshalb unser Planet immer mehr unbewohnbar werden wird.« (Joshua, 16 Jahre alt)

> »Meine Sicht auf die Zukunft ist eher pessimistisch, da ich finde, wenn nicht jeder dazu beiträgt, die Welt zu verbessern, wird es keine lange, schöne Zukunft mehr geben.« (Paul, 17 Jahre alt)

Jara macht die digitale Entwicklung und der Klimawandel Angst:

»Ich will wissen, ob ich noch ein Mensch sein kann oder ein Roboter. Vieles ist schon zerstört. Ist unsere Welt noch schön? Noch blau? Ist die Luft noch frisch?« (Jara, 16 Jahre alt)

Und natürlich ist auch die Angst vor einem Krieg, die viele Jugendliche besorgt, eine existenzielle Angst.

Die Bedrohungen, die die Jugendlichen benennen, sind existenziell. Die Ängste sind vielleicht nicht in jedem Moment präsent, aber sie schweben wie eine dunkle Wolke über der Zukunft.
Der Psychiater und Psychotherapeut Irvin D. Yalom zitiert in seinem Werk *Existentielle Psychotherapie*[55] den englischen Kinderarzt und Psychoanalytiker Donald Wood Winnicott und die österreichisch-britische Psychoanalytikerin Melanie Klein. Sie betonen, dass die Angst vor dem Tod die ursprüngliche Quelle aller Ängste darstellt. Es ist die Angst vor Vernichtung, vor der Ich-Auflösung oder davor, verschlungen zu werden. Verschlungen zu werden, das bedeutet, dass man untergeht, nicht mehr fähig ist, zu leben. Im Unbewussten, so sagen sie, gibt es eine Furcht vor der Vernichtung des Lebens.

Ich habe Grundschulkinder nach ihren Ängsten gefragt. Ein Viertklässler antwortet auf die Frage, wovor er Angst hat: »Meine Ängste sind Kriege, Atombomben, Erdbeben, Feuer, Überflutung, Tornado, große Puppen, große Haie und Mörder.«
Was durch alle diese Ereignisse letztendlich passieren kann, ist, dass er selbst stirbt oder andere Menschen sterben.
Eine häufig genannte Angst der Viertklässler ist die Angst vor Dunkelheit. Viele Kinder sagen: »Ich habe Angst, allein im Dunkeln«, »vor Albträumen«, »Ich habe Angst vor Träumen. Heute Nacht habe ich von Kreaturen geträumt, die waren echt gruselig.« »Wenn ich schlafe, dann ist es dunkel, und manchmal denke ich, dass die Sachen Monster sind.«

Was bei ihm hinter der Angst vor der Dunkelheit steckt, erklärt ein Junge so: »Man ist allein im Zimmer, alles ist dunkel und man hat das Gefühl, dass etwas unter deinem Bett ist oder sich etwas bewegt.«

Die Kinder beschreiben die Angst vor dem Ungewissen, dem Unheimlichen, man weiß nicht, was dort ist. Alles ist möglich.

»Ich weiß, wie Angst sich anfühlt. Weil ich hab auch sehr viele Ängste und Angst fühlt sich so an: Du bist alleine, um dich herum bist nur du und du hast Angst, dass irgendwas passiert mit dir. Dein Körper zittert, du fühlst dich allein, es ist alles viel zu viel für dich.« (Karim, 10 Jahre)

Für den 10-jährigen Karim ist Angst gleichgesetzt mit dem Gefühl, allein zu sein. Allein im Sinn von einsam, bedroht, ausgeliefert.

> *Was können wir Erwachsenen tun?*
> Im Dunkeln ist es ungewiss. Man sieht nicht, was um einen herum ist. Vielleicht sieht man Umrisse von Gegenständen und die könnten aber auch eine bedrohliche Gestalt sein. Wenn Kinder diese Ängste haben, brauchen sie uns an ihrer Seite. Vielleicht kann man gefährliche Monster erstmal gemeinsam aus dem Fenster fegen. Man kann schauen, ob man ein kleines Licht anlassen kann, und wenn die Kinder nachts aufwachen und sich ängstigen, dürfen sie zu uns kommen. Wir sind da.

Angst vor Scham

Als existenziell bedrohlich kann es auch erlebt werden, wenn man sich schämt. Oder beschämt wird. Das kann sich anfühlen, als würde man sich selbst verlieren. Man hat keinen Halt mehr, möchte im Erdboden versinken.

Die Eltern von Nico erzählen, dass eine Flasche Orangensaft in der Küche kaputt gegangen ist. Nico war allein zu Hause. Als die Eltern wiederkommen und das Malheur entdecken, stellen sie Nico zur Rede. »Was ist hier passiert?«, »Warst du das?«, »Warum hast du es nicht aufgewischt?«, »So geht es nicht.« Nico läuft rot an und sagt: »Das war ich nicht.« Er streitet es ab, denn den Ärger möchte er nicht ertragen, den es jetzt gibt. Die Eltern insistieren: »Wer soll es denn sonst gewesen sein?« Sie beschreiben schlüssige Szenarien, wie es aus ihrer Sicht passiert ist, und machen ihm klar, dass nur er allein es gewesen sein kann. Nico fühlt sich immer weiter in die Ecke gedrängt. Er kann es nicht zugeben, obwohl seine »Tat« offensichtlich ist. Er hat Angst vor den Folgen. Und dann davor, das Gesicht zu verlieren. Jetzt hat er es schon mal abgestritten, jetzt kann er auch nicht mehr zurück. Dann würde es ja noch schlimmer, dann hätte er seine Eltern ja auch noch angelogen. Also bestreitet er weiter seine Tat. Aber die Eltern wollen ihn unbedingt dazu bringen, dass er sowohl sein »Vergehen« als auch jetzt seine Lüge zugibt. Für Nico gibt es keinen Ausweg mehr. Er hat nur noch Angst. Angst vor der Demütigung, davor, ganz klein zu sein und keine eigene Würde mehr zu haben. Verena Kast beschreibt diese Art der Angst auch als »Angst vor dem Verschlungenwerden«, vor dem »Eingesogenwerden«, dem »Aufgefressenwerden«.[56]

Was können wir Erwachsenen tun?
Wie können wir als Eltern, als Erwachsene, den Kindern einen Ausweg lassen, ihnen einen Weg offenhalten, dass sie ihr Gesicht wahren können, ohne dass sie uns dabei »für doof« verkaufen? Vielleicht würde es helfen zu sagen: »Wahrscheinlich war es einfach der Heilige Geist. Aber würdest du es jetzt bitte wegmachen?« So wüssten beide mit einem Augenzwinkern: Wir wissen voneinander. »Du, Papa, weißt, dass ich es war« und »Du, Nico, weißt, dass ich es weiß.« Und wir können schmunzeln darüber, dass es eine gute Lösung für den verschütteten Orangensaft gibt und auch dafür, dass Nico sein Gesicht und seine Würde wahren kann.

Es gibt Situationen, in denen wir tiefe Scham empfinden, die bis zur Auflösung unseres Selbstwertes geht. Als Eltern können wir vor allem dafür sorgen, dass wir auf keinen Fall bewusst Scham bei unseren Kindern erzeugen, indem wir sie

> bloßstellen, in die Ecke drängen oder in anderer Weise beschämen und indem wir ihnen einen Ausweg ohne Gesichtsverlust ermöglichen.

Trennung kann als lebensbedrohlich empfunden werden

Manche Menschen haben große Angst vor Trennung, vor Abschieden. Die Angst, die dahintersteht, ist die Angst davor, dass die Trennung endgültig ist. Die Angst, dass man diese Person nie wieder sieht, dass sie für immer weg ist.

Der Psychologe Jean Piaget hat herausgestellt, dass kleine Babys noch nicht wissen, dass ihre Mutter nicht weg ist, wenn sie nur kurz den Raum verlässt oder unter einer Decke verschwindet. Das Verständnis der sogenannten Objektpermanenz, also der Tatsache, dass die Mutter zwar unter der Decke, gerade nicht sichtbar, aber immer noch da ist, haben sie noch nicht. Sie fangen an zu weinen, weil sie Angst haben, dass ihre wichtige Bezugsperson, der Mensch, auf den sie angewiesen sind, um zu überleben, weg ist. Manche Menschen erinnern sich an Situationen aus ihrer Kindheit, in denen sie nachts aufwachten und merkten, dass gerade niemand zu Hause war. Sie erinnern sich, wie sie völlig verzweifelt waren.

Die Angst vor Trennung resultiert auch aus solchen Erfahrungen, die Kinder machen: Der Mensch, der für mein Leben wichtig ist, ist weg. Das bedeutet: Mein Leben ist bedroht. Irvin Yalom beschreibt die Angst vor der Trennung, also vor dem Verlust des Gegenübers, auf folgende Weise: »Die grundlegendste Angst entsteht aus der Bedrohung des Selbstverlusts; und wenn man den Objektverlust fürchtet, dann deshalb, weil der Verlust dieses Objekts eine Bedrohung für sein Leben ist (oder eine solche symbolisiert).«[57]

Auch Kinder, deren Eltern häufig und über eine längere Zeit nicht da waren, etwa weil sie in die Klinik mussten oder beruflich sehr lange unterwegs waren, können daraus existenzielle Ängste entwickeln. Diese Ängste können sich seelisch und körperlich zeigen und im zukünftigen Leben weiterwirken. Die 17-jährige Vera zum Beispiel hat in früheren Jahren immer wieder erlebt, dass ihre Mutter für mehrere Wochen ins Krankenhaus kam. Ihr Vater hat in der Zeit viel gearbeitet. Was die Mutter genau hatte, was die Krankheit bedeutete, wann und ob sie wieder nach Hause kam, wusste Vera nicht. Aber ihr kleiner Bruder hat in der Zeit oft geweint. Vera ist dann zu ihm gegangen und hat ihn in den Arm genommen und ihn getröstet. Sie hat ihm gesagt, dass die Mama bald wieder kommen würde, obwohl sie selbst gar nicht wusste, ob das der Fall sein würde. Heute ist Vera manchmal ganz traurig, ihre Angst, dass die Mutter oder der Vater doch wieder gehen, ist geblieben. Die Eltern streiten so oft. Sie könnten sich trennen und dann wieder nicht die Ängste der Kinder im Blick haben. Einer könnte dann auch ganz weggehen.

Ein Beispiel dafür, dass Angst häufig daraus resultiert, dass man sich, aus welchem Grund auch immer, nicht auf die Anwesenheit der Bezugspersonen verlassen konnte. Solche Kinder fühlen sich nicht sicher, sie hatten keine verlässliche Säule, auf die sie blind zählen konnten. Sie wurden nicht durchgängig beschützt und wohlwollend begleitet. Was Kinder brauchen, ist das Gefühl, dass sich die Erwachsenen ganz sicher um sie kümmern, auch wenn wie bei Vera ein Elternteil im Krankenhaus ist.

Angst, dass die Familie auseinanderbricht

Das Gefühl: »Ich bin allein in meinem Leben«, ist ein reales Gefühl vieler Kinder, die Trennungen ihrer Eltern verarbeiten müssen. Sie erleben, dass ein Elternteil einfach die Koffer packt und weggeht. Plötzlich fehlen das rote Sofa und noch andere Dinge im Haus und das war es. Und: Viele Eltern sind dann so mit ihrem neuen Leben beschäftigt, dass sie keinen Blick für die Ängste der Kinder haben. Die Kinder trauen sich nicht, auf sich aufmerksam zu machen, weil sie spüren, dass die Eltern so viel mit sich zu tun haben, dass kein Platz für ihre Ängste und Sorgen da ist. Die Eltern wiederum interpretieren das ruhige Verhalten der Kinder häufig als: »Den Kindern geht es gut.«

Es ist eine Grundangst vieler Kinder und Jugendlicher: Die Angst, dass die Familie auseinanderbricht. Die Familie, die doch eigentlich der Ort ist, an dem man aufgefangen wird, wo man sich geborgen fühlt, wo man hingehört, wo man sicher ist.

Viele Kinder sehen, dass überall im Freundeskreis Familien auseinanderbrechen und Patchwork-Verhältnisse entstehen. »Alleinerziehende Mütter und desertierende Väter«, so beschreibt der Psychologe Stephan Grünewald die Situation. Und weiter: »Dieses Damoklesschwert überschattet ihr Kinder- und Jugendalter. Es führt dazu, dass viele junge Leute den Auftrag verspüren, das familiäre System zu stabilisieren, statt zu revoltieren. Sie versuchen, mit ihrer sozialen Kleindiplomatie den Familienladen zusammenzuhalten.«[58]

Durch ihre Angst kommen sie in eine Überforderungssituation, in der sie zwangsläufig scheitern. Diese Aufgabe können sie nicht bewältigen. Nicht langfristig. Die Angst aber ist ihr ständiger Begleiter. Sie geht nicht wirklich weg.

Und für die Kinder bedeutet eine Trennung auch: »Ich kann mein Leben nicht in Sicherheit leben.« Da es nicht sicher ist, kann sich ein Kind nicht frei entfalten, es muss sich ja mit dem Leben der Eltern, der Familie beschäftigen, weil sie sich ohne das Kind, ohne dessen »waches Auge«, seine beschwichtigenden Worte, sein Aufpassen auf die Geschwister, sein Gehorchen und nicht Aufmucken noch mehr streiten und am Ende auseinandergehen würden. Die Angst davor sitzt den Kindern ständig im Nacken und verhindert, dass sie sich selbst ausprobieren und rebellieren, dass sie scheitern und Probleme machen dürfen in dem sicheren Gefühl, wieder aufgefangen und gehalten zu werden.

> *Was können wir Erwachsenen tun?*
> Eltern, die mit ihren eigenen Sorgen so beschäftigt sind, ist häufig nicht klar, was ihre Kinder in Trennungssituationen brauchen: Dass sie gesehen und mitgenommen werden und das Gefühl vermittelt bekommen müssen, dass sie sicher sind und die Erwachsenen sich kümmern und auf sie schauen. Es kann sein, dass es für alle das Beste ist, wenn ein Paar auseinandergeht. Kinder brauchen in dieser Situation kindge-

rechte Erklärungen und die Erlaubnis, alle ihre Gefühle äußern zu dürfen. Wichtig ist, dass die Eltern immer die Perspektive der Kinder mitdenken und ihnen – besonders jetzt – zugestehen, dass es für alle ihre Gefühle einen Platz gibt. Und dass sie als Eltern immer für die Kinder da sind.

7. Panik

Wenn die Angst einen überrollt

Siri ist gerade 18 geworden und steht im Abitur. Wenn sie in die Beratung kommt, weint sie sehr häufig. »Weil es hier um Gefühle geht«, sagt sie.
Neulich habe sie Panik gehabt, in einer ganz normalen Situation. Es sei nichts Außergewöhnliches passiert. Sie saß im Wohnzimmer auf der Couch und plötzlich fing ihr Herz an zu rasen. Sie spürte so einen Druck auf der Brust, ihr sei ganz heiß geworden und der Schweiß ausgebrochen. Dann sei ihr plötzlich kotzübel geworden. Und sie habe am ganzen Körper gezittert.
Sie sei total in Panik geraten.
Der 17-jährige Johann kennt das auch. Er war bei Freunden, sie haben Bier getrunken, Musik gehört, zusammen gewitzelt und sich unterhalten. Wie aus dem Nichts sei ihm plötzlich speiübel geworden. Er habe angefangen zu zittern und seine Hände seien plötzlich klatschnass gewesen. Eine unfassbare Schwere habe sich in seinem Körper ausgebreitet, als könnte er nie mehr aufstehen. Dann sei er doch mit einem Ruck aufgestanden, wie in Zeitlupe auf die Toilette gegangen und habe sich übergeben.
Panikattacken, wie sie Johann und Siri erleben, sind nicht selten. Einige Menschen kennen sie gut. Ängste, die mit Panikattacken verbunden sind, gehören neben depressiven Verstimmungen zu den häufigsten psychischen Auffälligkeiten von Kindern und Jugendlichen.
Manche erleben sie als dunkle Wolke über sich – es ist ständig möglich, dass sie ausbrechen. Und es ist nicht selten, dass sie mit tiefer Traurigkeit gekoppelt sind.
Der junge norwegische Autor Alexander Kielland Krag beschreibt in seinem Buch *Nur ein wenig Angst* einen Jungen, Cornelius, der immer wieder Panikattacken bekommt. Cornelius vermutet, dass die Eltern nicht verstehen können, was mit ihm ist, dass er die ganze Zeit so traurig ist.

»Unsere Eltern haben sicher geglaubt, dass alles mit uns gut gehen würde. Als sie überlegt haben, ob sie uns bekommen sollten oder nicht, haben sie garantiert gedacht, dass die Herausforderungen, denen wir begegnen würden, die gleichen wären wie die, denen sie begegnet sind, als *sie* jung waren. Bestimmt haben sie sich die Geschichten aus ihrer Jugend erzählt und sind zu dem Schluss gekommen, dass wir nichts Schlimmeres erleben würden, als sie selbst erlebt haben, und *sie* haben doch überlebt, warum also sollten wir das nicht auch schaffen? Oder vielleicht waren sie optimistischer, dachten, die Welt sei seit ihrer Jugend so weit gekommen, dass wir es auf jeden Fall besser haben würden, als es für sie war? Aber sie haben sich geirrt, sie müssen sich doch geirrt haben. Denn wenn unsere Eltern nur gewusst hätten, dass es für uns überhaupt nicht besser werden würde. Wenn sie nur gewusst hätten, wie schrecklich es für uns werden würde. Dann hätten sie uns gar nicht erst gekriegt. Das hätten sie doch nie im Leben gewagt.«[59]

Er vermutet, dass sie vielleicht denken, dass die junge Generation gar kein Recht dazu hat, sich zu beklagen, weil sie eben so viel haben: »Ausbildung, Toleranz, Information, Mut, Geld, Möglichkeiten, Zukunft.« Klingt gut. Dann zählt Cornelius auf, was die Jugendlichen heute noch mit dazu bekommen haben und was den Eltern vermutlich nicht bewusst ist: »Druck, Erwartungen, Soziale Medien, Angst, unerreichbare Standards, Möglichkeiten, Zukunft.« Das bittere Fazit des Buch-Helden Cornelius über die Eltern: »Sie haben es gut gemeint, unsere Eltern, als sie uns bekommen haben. Aber sie haben sich geirrt.«[60]

Überfordert, traurig, mutlos und resigniert klingt das, was Kielland Krag seinen Helden sagen lässt.

Wie können wir die Panik verstehen?

»Wie aus dem Nichts«, »Ich sitze am Schreibtisch, lese in meinem Deutschbuch und plötzlich ergreift mich diese Angst, mein Herz klopft, meine Brust zieht sich zusammen, meine Hände werden nass, ich krieg kaum noch Luft, ich muss aufstehen.«

Wenn Jugendliche beschreiben, was passiert, wenn sie Panik bekommen, dann nennen sie zuerst Körpersymptome. Was ist das für eine Enge, für ein existenzielles Gefühl, keine Luft mehr zu bekommen, vor Übelkeit aus der Situation zu kippen, Durchfall, keine Kontrolle über seine Körperflüssigkeiten zu haben?

Panikattacken sind manchmal nicht aus der Situation, in der sie auftreten, zu verstehen. »Es war nichts Besonderes«, sagen die meisten. Scheinbar ohne Grund entwickelt der Körper Symptome, die uns in völlige Panik versetzen. Körperliche Zustände, die die Menschen, die sie erleben, als sehr belastend und beängstigend empfinden. Dazu kommen die Gedanken und das Gefühl, dass es nicht mehr weitergeht, dass es kein Morgen mehr gibt. Die Menschen in dieser Lage haben Angst um ihr Leben: Sie fragen sich zum Beispiel: Habe ich einen Herzinfarkt? Muss ich jetzt sterben?

Wenn man genauer schaut, wann die Panik zum ersten Mal aufgetreten ist, dann lassen sich in der Regel belastende Lebenssituationen identifizieren: Großer Streit oder Trennung der Eltern, Mobbing in der Schule, Versetzungsgefährdung gepaart mit großem Schuldruck können solche Situationen auslösen. Häufig sind es mehrere Ursachen, die zusammenkommen.

Ein Kind oder Jugendlicher, das oder der unerklärliche Panik erlebt, steht häufig unter einer großen Anspannung, die es oder er im Bewusstsein als etwas abgespeichert ist, das sich bewältigen lässt. Oft wird die Überlastung gar nicht wirklich wahrgenommen: »Ist doch normal, dass ich so viel für die Schule arbeite«, »Komm ich schon drüber weg, über die Trennung der Eltern«, »Meine Eltern sind halt so, dass sie mich manchmal runtermachen, ist bei anderen doch genauso, ansonsten sind sie ganz okay«, »Die Schule ist halt stressig.«

Wenn es keine Möglichkeit, keinen Raum, keine Erlaubnis gibt, Sorgen und Kummer bewusst wahrzunehmen und anzuschauen, dann müssen sie mit einiger Energie immer wieder aus dem Alltag weggehalten werden. Sie werden bagatellisiert, heruntergespielt. Es ist nichts. Ein Panikanfall entsteht dann scheinbar aus dem Nichts und ohne Grund. Man kann sich selbst nicht erklären, wieso man plötzlich so eine Angst empfindet. Die Bagatellisierung ist eine Form der Abwehr. So muss man sich mit dem Schlimmen, dem Angstmachenden – erst mal – nicht beschäftigen. Angstmachende Gefühle, Ängste vor Verlust, davor, ausgegrenzt zu werden, vor Einsamkeit, letztendlich vor Vernichtung werden – vorerst – weggehalten.

Ganz unterschiedliche Auslöser können dazu führen, dass wir Angst haben. Es gibt klare angstmachende Szenarien von außen: Naturkatastrophen, Pandemien, Kriege, Verlust eines geliebten Menschen, Stress in der Schule und so weiter. Auch körperliche Veränderungen können Angst machen, Krankheiten, die uns schwächen und die möglicherweise dauerhafte Folgen haben. Krankheitsprozesse im Gehirn lösen Ängste aus, die ähnlich wie Panikattacken aussehen. Ebenso können Hormon- und Stoffwechselstörungen Angst verursachen.

Wir empfinden Angst, wenn wir eine Gefahr erwarten oder von einer Gefahr ergriffen werden. Es können auch Dinge Angst auslösen, weil wir sie mit einer ganz anderen, als lebensbedrohlich empfundenen Situation in Verbindung bringen, wie zum Beispiel spezielle Gerüche oder ein bestimmtes Essen, das man als Kind essen musste. Auch wenn die Situation heute eine ganz andere ist, verknüpfe ich beispielsweise den Geruch von Bratfett, der heute aufsteigt, weil es Bratkartoffeln gibt, mit einer Situation, die ich als Kind erlebt habe, als ich gezwungen wurde, Bratkartoffeln zu essen, sie mir in den Mund gestopft wurden und mir niemand zu Hilfe gekommen ist.

Nicht selten ist Angst, die wir heute erleben, nur zu verstehen, wenn wir verstehen, was wir mit einer Situation verbinden. Warum empfinden wir etwas als so schlimm, was für andere ein »Klacks« ist? Ein Beispiel ist Beziehungsabbruch: Kinder und Jugendliche, die erlebt haben, dass ihre Mutter oder ihr Vater, die Person, von der sie abhängig waren, auf deren Liebe und Zuwendung sie angewiesen waren, plötzlich aus dem Kontakt gingen, sie allein ließen, haben diese Erfahrung als einschneidend und tiefgreifend erlebt. Es kann sein, dass im weiteren Leben Beziehungsabbrüche oder Kontaktpausen als genauso bedrohlich empfunden werden, obwohl die heutige Situation objektiv gesehen gar nicht so schlimm ist. Trotzdem kommt die »Wucht« des alten Gefühls mit hoch. Oft überprüfen Menschen gar nicht, ob ihre Angst, etwa dass die Partnerin sich trennen möchte oder der Job gefährdet ist, überhaupt zutrifft. Man selbst versteht häufig auch nicht, warum man so heftig reagiert. Man wird durch die neue Situation getriggert, weil sie an die alte, als bedrohlich erlebte Situation erinnert. Dabei ist man heute kein hilfloses Kind mehr und oft kann man selbst etwas tun. In vielen Situationen kann ich mir heute Gewissheit darüber verschaffen, ob meine Angst berechtigt ist, ob wirklich das eintritt, was ich befürchte, und ob das Befürchtete dann wirklich dramatisch ist. Das war aber früher als Kind nicht so. Und das alte Gefühl von Ohnmacht und Ausgeliefertsein, nichts machen zu können, ist so schnell im Körper spürbar, so schnell kommt der Verstand gar nicht mit. Mit voller Wucht sitzt die alte Angst sozusagen auf dem aktuellen Geschehen noch obendrauf.

Der Psychologe Claus Koch erzählt in seinem Buch *Wenn aus Jugendlichen Erwachsene werden*[61] die Geschichte von Nele, deren Eltern immer sehr viel über sie bestimmen wollten und denen sie es nie wirklich recht machen konnte. Nele sollte Medizin studieren, sie hat sich aber für Psychologie entschieden. Auch das gefiel den Eltern nicht, sie haben es abgewertet. Das sei doch »nichts Halbes und nichts Ganzes«. Gefühle waren in der Familie nicht angesagt. Die Beziehung zu den Eltern habe sie wie »eingefroren« erlebt und dafür habe sie sich selbst die Schuld gegeben. Das ist leider häufig die Konsequenz, wenn Eltern ihren Kindern nicht die Zuwendung schenken, die sie brauchen: Die Kinder denken, es liege an ihnen. Und sie probieren alles, um die Beziehung zu ihren Eltern wieder herzustellen, aber da es nicht an ihnen liegt, haben sie keine Chance. Jeder Versuch führt vielleicht kurzfristig zu einem kleinen Moment der Aufmerksamkeit, langfristig scheitert er, weil die Eltern selbst nicht erkennen, was das Kind braucht und/oder nicht in der Lage sind, eine dauerhafte, verlässliche Beziehung anzubieten. Sie verstehen ihr Kind oft nicht. Wenn es Probleme gibt, dann wird nach Lösungen gesucht, Gefühle haben da keinen Platz. Gefühle machen Angst. »Gefühle bringen einen nicht weiter«, so kann man die Atmosphäre, die zu Hause herrscht, in Worte fassen. Wohin soll man dann mit seinen ganzen Ängsten, mit seiner Trauer, mit seiner Sehnsucht, seiner Hoffnung, seiner Eifersucht? Dafür gibt es noch nicht mal Worte. Manche Menschen können ihre Gefühle gar nicht benennen. Sie sagen lediglich »gut« oder »schlecht«, wenn man sie fragt, wie sich bestimmte Situationen angefühlt haben. Sie haben die Worte dafür gar nicht gelernt. So schienen diese Empfindungen auch nicht zu existieren in der Vergangenheit. Sie hatten keine Berechtigung. Aber sie wirken natürlich.

Nele hat sich dann gegen den Willen der Eltern für ihren eigenen Weg entschieden und ist mehr oder weniger im Streit mit ihnen ausgezogen. Dann kam Corona. Die Mitbewohner ihrer WG zogen zurück nach Hause. Sie blieb. Ihr Freund hatte viel mit seiner Masterarbeit zu tun und auch wenig Zeit.

Mit der zunehmenden Einsamkeit kamen die Panikattacken. Schwindel, Angst. die Orientierung zu verlieren, ohnmächtig zu werden. Das Gefühl, alles wie als Zuschauer in einem Film wahrzunehmen, sich fremd zu fühlen, die Angst, psychisch krank zu sein.

Claus Koch beschreibt die Gespräche mit Nele, in denen es erst mal darum ging, die Ängste zu verstehen, in Verbindung mit Neles Geschichte. Die Wiederholung des Abgeschnittenseins. Die als Kind empfundene Beziehungslosigkeit zu ihren Eltern und ihre Angst, »nicht von ihnen abgeholt zu werden und verloren zu gehen.« Das Gefühl der Einsamkeit, des Getrenntseins war zurück.

Wenn solche Panikattacken häufiger auftreten, mindestens einmal im Monat, dann spricht man in der Medizin von einer Panikstörung. Wie gesagt ist dies in der Pubertät und im jungen Erwachsenenalter eine häufige Diagnose. Im Kindergesundheitsbericht 2023 der Stiftung Kindergesundheit sind noch andere »typische Störungen« bei Kindern und Jugendlichen erwähnt: »depressive Störungen, Ess-, Angst- und Zwangsstörungen sowie psychotische Störungen oder Suchterkrankungen.« Ich persönlich habe mit dem Begriff »Störung« bei psychischen Krankheiten Probleme. Schaut man sich die Geschichte von Nele und vieler anderer Kinder und Jugendlicher an, so hat die Person, die die Panikattacken oder andere Symptome entwickelt, eigentlich keine Störung. Im Gegenteil: Die Panikattacke kann dann eher als eine angemessene verspätete oder verdrehte Reaktion auf eine gestörte Umwelt gesehen werden.

Verdrängte Traurigkeit und Wut

In längeren Gesprächen mit Kindern und Jugendlichen geht es erst mal darum, ein auffälliges, belastendes Symptom zu verstehen. Aus meiner Erfahrung – und nicht nur aus meiner – ist es häufig so, dass hinter solchen starken Ängsten nicht selten verdrängte Traurigkeit und verdrängte Wut stehen. Gefühle, die Angst machen, keinen Platz bekommen, etwa weil man nicht beachtet, nicht getröstet wird.

Eigentlich müsste man stinksauer auf seine Eltern, seine Lehrer oder seine Schulkameraden sein. Wut und Enttäuschung wären angemessene Gefühle, wenn sie einen schlecht behandeln. Aber das geht nicht. Man müsste traurig darüber sein, dass die Erwachsenen nicht sehen, was man braucht, und auch darüber, dass sie es einem vorenthalten.

Wenn man die Traurigkeit darüber zulassen würde, müsste man zugeben, dass die Eltern vielleicht stellenweise nicht so gut sind, wie man sie gerne sehen würde. Wie man sie als »gute Eltern« braucht. Man müsste sich damit konfrontieren, dass sie zu sehr mit sich beschäftigt sind, dass sie nicht wertschätzend mit ihrem Kind umgehen, dass sie es nicht genug schützen, dass sie nicht in der Lage sind, empathisch zu sein. Wenn man aber die Wut und auch die Traurigkeit darüber, dass die Eltern einen gängeln, nicht beachten, herabwürdigen, zeigen würde, das wäre zu gefährlich. Dann würde man ja die Beziehung riskieren, auf die man angewiesen ist, dann würde es ja noch schlimmer.

Also versuchen viele Kinder und Jugendliche, sich anzupassen, es den Eltern recht zu machen, sich unauffällig zu verhalten. Es als »normal« abzuspeichern, wie es zu Hause läuft. Die Eltern sind so beruhigt und der Überzeugung: Es ist doch nichts. Alles ist in Ordnung.

Anton zum Beispiel. Er hatte als Kind immer wieder erlebt, dass seine Eltern ihn nicht schützen, dass sie ihn sogar bloßstellen. Einmal passierte es in den Ferien. Er war mit seinen Eltern auf einem Campingplatz. Beim Fußballspiel mit anderen Kindern hatte er sich vor Aufregung in die Hose gemacht. Seine Mutter hat ihn dann gezwungen, sich nackt auszuziehen und so zurück zum Zelt zu gehen, alles unter den Augen der anderen Kinder. Er wurde zutiefst beschämt. Gleichzeitig war er absolut allein, weil niemand da war, der ihn geschützt hätte.

Zu Hause hatte er eine Zeitlang große Angst, in die Schule zu gehen. Als er sich weigerte, das Haus zu verlassen, hat seine Mutter ihn gepackt und ihn draußen vor die Tür gestellt. Auf sein Klingeln und Weinen und Schreien haben die Eltern einfach nicht reagiert. Sie haben die Tür nicht aufgemacht, sich totgestellt. Verzweifelt und traurig hat er irgendwann den Schulweg angetreten und in der Schule immer weiter geweint.

Anton hat damals alles versucht, um Aufmerksamkeit, Schutz und Geborgenheit zu bekommen. Dafür hat er sich angepasst. Nichts gesagt, keine Schmerzen gezeigt, sich selbst keine zugestanden. Für Trauer und Wut war kein Platz. Aber irgendwann war die Angst nicht mehr herunterzudrücken. Er bekam Panik, das erste Mal auf einem großen Platz, den hat er dann gemieden, später auch im Bus oder einfach zu Hause.

Als er als Erwachsener diese Geschichten erzählt, muss er immer wieder weinen und weiß gar nicht warum. »Gefühle halt«, meint er. Diese Gefühle von Trauer und Wut müssen vorsichtig besprochen werden. Sie dürfen sein und sie brauchen unbedingt einen Platz. Einen Platz, den Anton bestimmt. Sie helfen zu verstehen, warum Anton heute in Situationen plötzlich Panik bekommt, die eigentlich nicht bedrohlich sind. Wenn sie heute einen Platz bekommen, das heißt, wenn sie angeschaut werden und klar wird, dass sie berechtigt sind, wird die Panik im guten Fall langsam weniger.

Schulpanik

Die meisten der Jugendlichen kennen Panik und Verzweiflung. Nicht als Panikattacke, aber als sehr große Not. Diese Gefühle beziehen sich oft auf ihre Leistung: Kinder und Jugendliche befürchten, dass sie nicht gut genug sind, zu wenig leisten und dass sie so ihre Zukunft in Gefahr bringen. Sehr häufig treten diese Gefühle auf, wenn es um die Schule geht. »Kennen Sie Verzweiflung oder

Panik? Wie und wann zeigen sich diese Gefühle?«, habe ich 16- und 17-jährige Jugendliche einer Gesamtschule gefragt.

Einige Jugendliche verbinden Panik konkret mit Situationen, in denen sie wissen, dass ihre Leistung gemessen wird:

»Ja, ich zeige es vor der Klausur.« (Bea, 16 Jahre)

»Die Panik kenne ich aus Klausuren, wenn ich zu wenig Zeit eingeplant habe, weil meine Schrift dann sehr unleserlich wird.« (Tibor, 16 Jahre)

»Ja, oft zeigt es ich in der Klausurenphase oder abends im Bett, wenn man ruhig nachdenkt. Wie? – Durch viele Gedanken und Sorgen.« (Thea, 17 Jahre)

»Natürlich, wenn ich Angst habe, jemanden zu verletzen oder dass ich es schulisch verkacken könnte.« (Simon, 16 Jahre)

»Eigentlich nie, da ich ein optimistischer Mensch bin. Trotzdem verzweifle ich manchmal an einer schlechten Note in einem Test, für den ich viel gelernt habe.« (Joshua, 17 Jahre)

Das Gefühl, überfordert zu sein, Anforderungen nicht zu genügen und nirgendwo Rückhalt zu haben, ist ein wesentlicher Faktor für Panik-Gefühle:

»Nicht das zu erreichen, was mein Ziel ist.« (Grigor, 17 Jahre)

»Verzweiflung zeigt sich immer dann, wenn man etwas nicht weiß oder kann und denkt, man kann niemanden um Hilfe bitten oder niemand kann einem überhaupt helfen.« (Holly, 17 Jahre)

»Wenn man mit der Schule oder seinem persönlichen Leben überfordert ist, zeigen sich die Gefühle. Bei schlechten Noten und Stress in der Schule ist man verzweifelt, da man nicht weiß, wie man es bessern soll. Das führt zu Panik.« (Sybel, 16 Jahre)

»In Bezug auf Schulstress oder Verluste können diese Gefühle entstehen«, sagt die 16-jährige Doro. Sie hatte zuvor auf die Frage: »Kennen Sie das Gefühl, das Leben nicht zu schaffen?«, geantwortet: »Ich habe manchmal Stress vor Prüfungen und dem Gedanken, dass das Ergebnis dieser Prüfung das ganze Leben beeinflusst.«

Das, was wir heute leisten, beeinflusst das ganze Leben. Wenn man jetzt einen Fehler macht oder schlecht abschneidet, dann hat das negative Auswirkungen auf die eigene Zukunft. Was für ein belastender Gedanke.

Die Schule zu schaffen, mehr noch, richtig gute Noten zu haben, dieses Ziel kriegen Kinder häufig schon eingetrichtert, wenn sie noch klein sind. »Wenn du nicht lernst, bekommst du keine guten Noten, wenn du keine guten Noten hast, bekommst du keinen guten Job.« Das Thema Schule und Lernen gehört neben den Themen Medien und Respekt zu den größten Problemen, die Eltern in Bezug auf ihre Kinder sehen. Häufig bestimmt es Familienatmosphären. Es kann Beziehungen zwischen Eltern und Kindern nachhaltig beeinträchtigen. Die Kinder sind im Hier und Jetzt, die Erwachsenen denken an die Zukunft. Und die wird wie eine graue Wolke gemalt, wenn man nicht jetzt schon an sie denkt und etwas für sie tut. Auch das ist Zukunftsangst.

»Verzweiflung und Panik kenne ich vom Versuch des Übergangs von der Schule ins Job-Leben. Die Verzweiflung, nicht zu wissen, was man macht, und die Panik, dass das nicht klappt.« (Mirko, 16 Jahre)

> *Was können wir Erwachsenen tun?*
> Kinder und Jugendliche empfinden oft genug Druck in der Schule. Das heißt für Eltern: Keinen Druck machen. Wenn die Kinder mit einer schlechten Note nach Hause kommen, brauchen sie Trost und keine Erwachsenen, die sagen: »Siehste, hab' ich dir ja gesagt, dass du mehr lernen sollst.« Und sie müssen unbedingt wissen: Eine schlechte Note ist nicht das Ende der Welt. Sie brauchen Eltern, die Noten nicht in den Mittelpunkt der Familiengespräche stellen und ihnen glaubhaft versichern, dass es wichtigere Dinge gibt als Noten.

Panik vor Beurteilung

Von Panik sprechen Jugendliche auch, wenn es um soziale Kontakte geht. Wenn es darum geht, seinen Platz in der Welt zu finden und sich dort richtig und sicher zu fühlen.

> »Ich habe oft Panik, weil ich wenige Leute kenne und Kontakte schließen muss, obwohl ich als Kind sehr sozial war.« (Gero, 16 Jahre)

> »Verzweiflung erlebe ich oft beim Lernen für Klausuren, aber auch generell bei Erlebnissen und Konflikten mit Freunden oder Familie. Oft fehlt mir Handlungssicherheit und ich fühle mich ratlos.« (Mia, 16 Jahre)

Manche Kinder und Jugendlichen haben eine große Angst, beurteilt, bewertet und abgewertet zu werden. Sich in der Schule zu melden, ist unangenehm. Auf dem Pausenhof herumzulaufen ebenso. Manche ziehen sich dann zurück und meiden, was zu vermeiden ist: Aufzeigen, in Kontakt gehen, sich zeigen.

Woher kommt diese Angst, bewertet, abgewertet zu werden? Dieser Gedanke, dass jeder und jede dich anschaut und über dich urteilt, und zwar negativ? Das ist zumindest die Befürchtung. Am besten man überprüft erst gar nicht, ob die Sorge berechtigt ist. Man möchte es gar nicht erst riskieren.

Um Bewertungen geht es ja auch bei Social Media ständig. Man braucht Likes und Klicks und Follower. Alles und jeder wird bewertet. Die Haare, das Lächeln, die Kleidung, die Art, wie man geht und steht und spricht und schweigt und dick und dünn und schwarz und weiß und weiblich und männlich ist. Ständig. Ein Klick, es geht ganz schnell. Manchmal erwünscht, aber auch ungefragt. Und es wird gehetzt. Was für ein Selbstbewusstsein braucht ein junger Mensch, der sich gerade aufgemacht hat, seinen Platz in der Welt zu finden, durch diesen Spießrutenlauf durchzukommen? Sich immer weiter selbst zu sagen: »Ich bin gut, so wie ich bin.« Nochmal zur Erinnerung: Nie ist man so verletzlich und gleichzeitig so unsicher und offen wie in dieser Zeit als Jugendlicher. Und ausgerechnet jetzt ist man den ständigen Likes und Dislikes am meisten ausgesetzt.

Das Kölner Rheingold-Institut stellt dies auch in seiner neuesten Jugendstudie als zentrales Thema der Jugendlichen heraus: Jugendliche trauen sich nicht mehr, ihre Meinung zu sagen, ihre Haltung zu zeigen, aus Angst, eine Angriffsfläche für andere Jugendliche zu bieten. Außerhalb der Sicherheit ihrer »Bubble« entwickelten sie eine »Tarnkappenstrategie«. »Das laute Einfordern von Veränderung und das Aussprechen ihrer Wünsche – ist heute spürbar gehemmt und staut sich im Inneren auf«, sagen die Forschenden. 80 % der 16–24-Jährigen fänden, dass »die Aggressivität und Polarisierung der Gesellschaft« am meisten vernachlässigt werde.[62]

Was können wir Erwachsenen tun?
Woher bekommen Kinder Handlungssicherheit und einen guten Stand in der Welt? Vor allem durch eine gute Bindung, eine verlässliche, dauerhafte Bestätigung, dass sie gut sind, so wie sie sind, und die Sicherheit, dass ihre Schritte etwas bewirken, dass sie selbst Handelnde sind. Das führe ich im letzten Kapitel nochmal genauer aus.

8. »Hilfe, mein Kind ist in Gefahr.«

Elternängste und wie sie auf die Kinder wirken

»Mama, du musst dir keine Sorgen machen, das machen wir schon.« (Luca, 8 Jahre)

Ich kenne es aus eigener Erfahrung: Mein Sohn hatte es schnell kapiert, was hinter meinen Fragen stand, ob auch alles sicher ist, ob er auch alles dabeihat, ob es ihm auch gut geht: Sorge, Angst, es könnte ihm etwas zustoßen, er könnte es nicht schaffen im Landschulheim ohne Heimweh klarzukommen, er würde sich dort nicht wohlfühlen, es würde ihm irgendjemand etwas antun. Ich musste es gar nicht explizit sagen. Er hat es auch so gemerkt.

Elternängste sind erst mal ganz normal, es kommt auf die »Dosis« an

Wenn ein Kind geboren wird, dann macht es mit unseren Gefühlen »Zummmm«. Nie war mir klar, was für Beschützerinnen-Instinkte ich entwickeln könnte. Beim Anblick meiner Tochter, die gerade frisch auf die Welt gekommen war und jetzt friedlich in ihrem Bettchen lag, hatte ich plötzlich Gedanken wie:»Wenn diesem Kind irgendjemand auch nur ein Haar krümmt, ich bring ihn um.« Löwinnen-Gefühle. Sowas kannte ich bislang nicht. Im Gespräch mit anderen Eltern erfuhr ich, dass sie einen ähnlichen »Flash« hatten und genauso empfanden.

Allerdings, so hab ich später herausgefunden: Diese Löwinnen-Gefühle können einem beziehungsweise dem Kind auch manchmal so richtig im Weg stehen! Die andere Seite ist ja: Babys sind zwar kleine Wesen, die auf uns angewiesen sind, aber wenn wir sie gut begleiten, entwickeln sie sich schnell und können und möchten immer mehr allein machen, wenn wir sie lassen, wenn wir es schaffen, sie auch Stück für Stück loszulassen. Nur, was machen wir dann mit unserer Angst, wenn die Kinder allein zum Bäcker oder in die Schule gehen möchten oder mutig einen Baum hochklettern?

Manche Erwachsenen können es nicht aushalten, ihren Kindern beim Klettern und in die Welt gehen zuzusehen und sie rufen von unten Richtung Baumkrone: »Aber nicht runterfallen.« Und was passiert dann manchmal: Das Kind fällt runter. Und die Erwachsenen sagen dann, wenn das Kind mit Schreck und Schramme weinend vor ihnen steht: »Hab ich dir doch gesagt, du sollst nicht so hoch in den Baum klettern.«

Das Kind hatte ursprünglich keine Angst, es hat sie erst bekommen, als die Mutter oder der Vater riefen und sie dadurch verunsichert hat. Anders als ein Kind, dem die Eltern zutrauen, dass es gut klettern kann, dass es selbst absehen kann, wie weit es sich nach oben trauen kann, dass es selbst prüft, ob ein Ast stabil ist, bevor es darauf steigt. Ein Kind, dem zugetraut wird, dass es die Herausforderung schon meistern wird. Damit meine ich nicht, dass wir die Kinder nicht schützen müssen vor Gefahren. Aber es hilft, wenn Kinder Erwachsene um sich haben, die genau schauen können, was sie ihrem Kind zutrauen und wo sie es unterstützen können, selbstständig zu werden. Das heißt nicht wegucken, sondern beobachten, begleiten, zeigen, ihm zutrauen, dass es bestimmte Situationen gut meistern wird. Wie kann ich dem Kind bei – natürlich – altersgemäßen (!) Herausforderungen vermitteln: »Du wirst es schaffen.«?

Mütter und Väter, die ihre Kinder zurückrufen, sobald sie sich von ihnen entfernen, selbst wenn keine Gefahr droht, machen das vielleicht aus einem (unbewussten) Bedürfnis heraus, alles unter Kontrolle halten zu wollen. Das Kind versteht nicht, warum es nicht ein Stück weiter in die Wiese laufen soll, es bemerkt aber die Ängstlichkeit, die Unsicherheit, das Kontrollbedürfnis der Eltern. Wenn es dann noch einen weiteren Versuch unternimmt, ist es schon verunsichert und kehrt schnell wieder zurück, aus Angst vor Strafe und/oder weil es die Angst der Eltern in sich spürt.

Ein Kind, das diese oder ähnliche Erfahrungen häufiger macht, wird in seinem Freiheits-, Entdecker- und Forscherdrang eingeengt. Es verinnerlicht die ängstliche Haltung der Eltern vor dem

Neuen, dem Fremden. Der Psychologe Claus Koch macht darauf aufmerksam, dass ein Kind, dem die Eltern immer wieder verbieten, sich von ihnen zu entfernen, das immer wieder die Angst der Eltern spürt, es loszulassen, mit der Zeit denkt, dass ihre Furcht berechtigt ist und »die Welt, die es umgibt, tatsächlich ein gefährlicher Ort ist.«[63]

Auch bei Menschen, die Panik entwickeln, so beschreibt es Verena Kast, sind die Beziehungspersonen häufig selbst sehr ängstlich und anklammernd.[64] Durch ihre Haltung vermitteln sie ihrem Kind wenig Sicherheit und Orientierung. So kann es sein, dass sie ihre Kinder in einer extremen Symbiose erziehen. Dann bleibt wenig Raum, um sich zu entfernen und Eigenes zu entwickeln. Die Eltern wollen das Kind extrem beschützen. Das Gegenteil sind Eltern, die das Kind sehr früh allein und auf sich gestellt lassen. Nach dem Motto: »Das machst du schon.« Manche Eltern wechseln auch zwischen diesen beiden Extremen hin und her. Sie pendeln zwischen den Polen: »ganz strenge Regeln aufstellen« und »die Kinder komplett gewähren lassen«. »Mach doch was du willst«, sagen sie ihm dann resigniert, nachdem das mit den Regeln nicht funktioniert hat. Das verunsichert und ängstigt die Kinder maximal. Sie wissen nicht, woran sie sind und woran sie sich halten können. Das bedeutet, Kinder brauchen Eltern, die hier einen guten Mittelweg finden. Eine gute Balance zwischen Halt geben und Loslassen.

Angst, dass das Kind keine Freunde findet

Eltern wünschen sich, dass ihre Kinder beliebt sind, dass sie Freunde und Freundinnen haben und nicht traurig allein zu Hause sitzen und sich abgehängt fühlen. Dass die Kinder dazugehören. Das wünschen sich auch die Eltern von Finn. Er ist gern zu Hause und manchmal auch gern im Kindergarten. Dort hat er einen Freund, wenn der nicht da ist, spielt Finn auch gern allein. Nachmittags auf dem Spielplatz ist er eher schüchtern. Während andere Kinder auf die Klettergerüste stürmen, sitzt er im Sandkasten und ist für sich. Seine Mutter besorgt das. Sie ermuntert ihn immer wieder, doch zu den anderen zu gehen. Finn möchte nicht. Seine

Mutter befürchtet, dass er keinen Anschluss findet, dass er allein bleibt, nicht zu Geburtstagen eingeladen wird. Sie fragt ihn immer wieder, ob er sich nicht mit Jan oder Tom oder Sirius verabreden möchte. Sie fragt auch diese Jungs, ob sie nicht mal zum Spielen mit ihrem Sohn kommen möchten. Vereinzelt klappt das auch. Es ergeben sich aber keine Freundschaften daraus. So verständlich, die Sorge von Finns Mutter. Freunde zu haben, ist wichtig, und wer wünscht sich nicht für sein Kind, dass es beliebt und gut eingebunden ist? Die schlimmste Drohung ist: »Ich lade dich nicht zu meinem Geburtstag ein.«

Bei älteren Kindern werden die Sorgen unter Umständen noch größer, wenn die Kinder nur »auf der Bude hocken«. Für die Jugendlichen können die Eltern keine Verabredungen mehr treffen. Sie haben gar keinen Einfluss mehr auf die Kontakte, die ihr Kind knüpft oder auch nicht knüpft. Ich kann die Not der Eltern gut verstehen. Gleichzeitig spüren die Kinder in den Sorgen der Eltern manchmal auch noch etwas anderes: Mütter oder Väter, die vielleicht selbst als Kinder oft am Rand standen, nicht richtig Anschluss gefunden haben und darüber traurig waren, möchten ihren Kindern diese Erfahrungen unbedingt ersparen. Aber das gelingt nicht. Weil es vielleicht mehr ihre eigene Geschichte ist, die sie bearbeiten wollen, indem sie probieren – manchmal schon vorauseilend –, ihren Kindern eine Not, die sie bei ihnen erst mal nur vermuten, zu ersparen. Deshalb ist es sehr hilfreich, sich zu fragen: Geht es um mein eigenes altes Gefühl oder um ein heutiges Unglück meines Kindes? Finn ist eigentlich ganz zufrieden mit seiner Situation. Er hat einen Freund, wenn der nicht da ist, kann er sich allein sehr gut beschäftigen.

… oder die falschen Freunde

»Ich habe Angst, dass meine Tochter von ihrer Freundin gegen uns aufgestachelt wird«, sorgt sich die Mutter der 12-jährigen Alessia. Was könnte passieren? Könnte Alessia von ihrer Freundin hören, dass ihre Eltern zu streng sind, dass sie sich mehr wehren soll gegen Regeln, dass sie ruhig mal die Schule schwänzen oder einen Nagellack im Kaufhaus mitgehen lassen soll? Und was dann? Würde das zu noch größeren Schwierigkeiten zu Hause führen? Würde sie dann auf die schiefe Bahn geraten? Würden die Eltern, die heute schon manchmal das Gefühl haben, dass ihr Kind ihnen entgleitet, dann noch mehr die »Kontrolle« über es verlieren?

Ist Alessias Mutter das Gegenteil von Finns Mutter oder im Grunde doch ähnlich? Viele Eltern möchten auf jeden Fall, dass die Kinder Freunde und Freundinnen haben, aber … Aber es müssen auch die richtigen sein. Aber die richtigen interessieren die Kinder vielleicht viel weniger als die verbotenen. Interessanter sind vielleicht die, die einen in der Bestrebung, gegen die Eltern aufzubegehren, unterstützen, die, die ein anderes Leben führen als die eigene Familie. Das klingt doch viel spannender. Und die Angst der Eltern, dass ihr Kind ihnen entgleitet, nimmt zu. Vielleicht beginnen sie dann, die Freunde des Kindes schlecht zu machen oder sogar den Umgang zu verbieten. Raten Sie, was passiert? Die verbotenen Freunde werden noch interessanter.

Wenn man mit Eltern spricht, die die Freunde und Freundinnen ihrer Kinder nicht so schätzen, ist es häufig so, dass sie sie gar nicht so gut kennen. Sie haben sie mal erlebt, die waren mal da und sind vielleicht an ihnen vorbeigeschlichen, vielleicht sogar heimlich, die Kinder haben etwas erzählt, aber mehr wissen die Eltern häufig nicht.

Mir fällt bei diesem Thema immer meine Tante Josi ein. Sie hatte drei Kinder und immer ein offenes Haus. Sie lud alle ein und sie konnte gut Sahnetorten backen. Das wussten die Freundinnen und Freunde ihrer Kinder. Und so saßen sie damals langhaarig und in Lederjacke bei Tante Josi am weiß gedeckten Tisch und aßen ihre Sahnetorte. Tante Josi wiederum lernte sie kennen, hörte, was sie beschäftigte, und konnte sich manchmal auch eine Meinung erlauben.

Was können wir Erwachsenen tun?
Ich finde, es ist eine sehr wirkungsvolle Maßnahme: Tür auf. Kuchen backen, die Freunde der Kinder einladen, Kontakt aufnehmen und sich selbst eine Meinung bilden. Die Kinder haben sich diese Freunde ausgesucht, sie sind ein Teil von

ihnen. Wenn Eltern sich für sie interessieren, zeigen sie, dass sie sich für ihre Kinder interessieren, dass sie erst mal verstehen wollen, was die Kinder an ihnen so toll finden. Eltern müssen die Freunde der Kinder dann nicht auch toll finden und auch nicht so tun, als ob das so wäre, aber sie eben auch nicht schlecht machen. Wenn die Kinder fragen: »Wie findest du denn meine neue Freundin?«, dann muss man sich auch nicht verstellen, sondern kann sich zurückhaltend äußern: »Ist mir noch etwas fremd.« Oder zurückfragen: »Was magst du an ihr?« Gleichzeitig können Eltern, die die Freunde der Kinder willkommen heißen, unter Umständen die Situation vermeiden, dass die Kinder an den Freunden festhalten, um gegen die Eltern zu opponieren. Das passiert nämlich möglicherweise, auch wenn die Kinder selbst schon längst gemerkt haben, dass die Freunde oder Freundinnen sich vielleicht gar nicht so gut als Freunde eignen.

Angst, dass aus dem Kind »nichts wird«

»Wenn du nichts für die Schule tust, dann hast du später keine Chance.« Oder auch: »Unser Kind soll es einmal besser haben.« Viele Eltern denken schon an das Abi ihrer Kinder, während diese noch glückselig im Mutterleib schlummern. Und dafür gibt es viele Gründe: Wer Aussicht auf einen Kita-Platz haben möchte, meldet sein Kind in einigen Städten am besten schon vor der Geburt dort an. Wer sein Kind lieber früher als später einschulen möchte, verfolgt vielleicht, begleitet von einer Baby-App, ob sich das Kind auch zu jedem Zeitpunkt richtig und gut und am besten noch vorzeitig altersentsprechend entwickelt. Wer möchte, dass sein Kind auf eine bestimmte weiterführende Schule geht, nimmt schon in der Grundschule Kontakt mit Nachhilfelehrern auf und freundet sich am besten mit dem Rektor oder der Rektorin an. Wer möchte, dass das Kind ein gutes Abi macht, lässt sich selbst zur Privatlehrerin ausbilden und kauft schon mal alle Schulbücher doppelt, damit er oder sie auch zu jeder Zeit weiß, was in der Schule läuft, und einspringen kann.

Das klingt alles etwas überzeichnet, ist es aber manchmal leider nicht. Eltern wollen doch nur das Beste, sie wollen doch nur, dass ihr Kind auf einen guten Weg kommt, sie haben doch nur Sorge, dass es später nicht mitkommt, nicht studieren kann und keinen guten Beruf erlernt. Das stimmt, das ist eine große Sorge mancher Eltern. Befeuert wird sie durch gesellschaftlichen Druck. Eltern wissen, dass Arbeitgeber auf Noten gucken und für viele Studiengänge ein hoher NC gilt, dass man was tun muss, um erfolgreich in der Welt zu sein.

Und noch was treibt manche Eltern an, ihre Kinder anzutreiben: Die Angst, den Kindern würde es so ergehen wie ihnen selbst damals, als sie nicht einsehen konnten, dass es Sinn macht, für die Schule zu lernen. Als sie von der Schule abgegangen sind und dann mühsam über den zweiten Bildungsweg gehen mussten, um irgendwie wieder anzudocken. Oder dass sie selbst heute noch bedauern, nicht mehr getan zu haben, oder nicht genug unterstützt worden zu sein, um ihren damaligen Traumberuf vom Profimusiker oder der Balletttänzerin ergreifen zu können. Ihr eigenes Bedauern um ihren eigenen Weg, den sie sich vielleicht anders gewünscht hätten, treibt sie auch an, ihre Kinder anzutreiben.

Und auch das ist so verständlich: Eltern wollen ihren Kindern die Erfahrungen ersparen, die sie selbst gemacht haben. Aber: Es gelingt meist nicht. Im Gegenteil führt es oft genau wieder dorthin, weil die Kinder spüren, dass es dabei oft mehr um die Heilung der elterlichen Wunde geht. Dazu kommt: Es führt oft dazu, dass Familienatmosphären durch das Thema »Schule« vergiftet werden und dass Eltern übersehen, was die Kinder eigentlich bewegt, wie es ihnen geht und dass der so wichtige Kontakt zwischen Eltern und Kindern nicht wirklich gut ist. Und: Es vermittelt den Kindern, dass die Eltern nicht daran glauben, dass die Kinder ihren Weg schon machen werden. Sie zweifeln und dieser Zweifel überträgt sich auf die Kinder. Sie beginnen, auch an sich zu zweifeln und zu zögern und sich selbst weniger zuzutrauen.

Solche Geschichten höre ich so oft: Verzweifelte Eltern und verzweifelte Kinder, die sich unverstanden fühlen, sind das Ergebnis.

> *Was können wir Erwachsenen tun?*
> Hier hilft nur eins: zurückdrehen. Nicht von sich auf die Kinder schließen. Spätestens ab der weiterführenden Schule den Kindern die Verantwortung für die Schule übergeben, und zwar in einem Gespräch, in dem man ihnen erklärt, dass man nicht wie eine Hilfslehrerin oder ein Hilfslehrer hinter den Kindern stehen will und dass man nicht möchte, dass das Thema Schule die Familienatmosphäre vergiftet. Es ist gut, in Ruhe zu besprechen, wie es in Zukunft laufen wird, dass man jederzeit als Ansprechpartner da ist und auch hilft, wenn das Kind es wünscht, dass die Verantwortung aber bei dem Kind liegt und es von sich aus kommen muss, wenn es Hilfe möchte. Das ist das Signal: Jeder hat seinen Job, du die Schule, ich meine Arbeit, und jeder ist für seins zuständig. Wenn wir darauf vertrauen, dass die Kinder, wenn es ihnen gut geht, ihren Weg machen werden und sei es auf Umwegen, stärkt das ihr Selbstvertrauen und auch ihre Selbstständigkeit. Nicht »wir« schreiben eine Mathearbeit. Sie machen das. Ich weiß, dass eine solche Zurückhaltung nicht einfach ist, wenn man selbst weiß, dass bald eine Arbeit ansteht und auch weiß, dass der Sohn oder die Tochter noch nichts dafür getan hat. Es ist sogar richtig schwer. Aber, wenn es sich eingespielt hat, ist es super. Für alle.

Mit dem Slogan »Die Zukunft ihres Kindes ist jetzt« ist ein Gastbeitrag in dem Schweizer Elternmagazin *fritz und fraenzi* überschrieben.[65] Darin betont der dänische Familientherapeut Jesper Juul die große Bedeutung des Selbstwertgefühls als wichtigen Schutz für Kinder und Jugendliche.

Darin beschreibt er, was für einen Stress es bedeutet, wenn Eltern »Ambitionen und Ziele für die Zukunft ihres Kindes hegen«. Und wie wichtig es ist, dass Kinder lernen, sich zu entspannen, die Fähigkeit erlernen, »innezuhalten und dem, was im Inneren passiert, Aufmerksamkeit zu schenken.«

Wenn das nicht möglich ist, sondern die Eltern häufig an die Zukunft des Kindes erinnern und die Kinder anmahnen, gleichfalls daran zu denken, dann kommt es beim Kind so an: »Wenn die

Erwachsenen ständig mit den nächsten Schritten meiner Entwicklung beschäftigt sind, dann fühle ich mich nicht okay, so wie ich jetzt gerade bin.« Eltern verhindern dadurch, dass ihr Kind ein »gutes Gefühl für sich selbst entwickeln und an seine Fähigkeiten glauben kann.«

> *Was können wir Erwachsenen tun?*
> Auf das Hier und Jetzt schauen! Darauf schauen, was heute gut ist. Was liebenswert ist, was wir an unseren Kindern mögen. Und sie darin bestärken, dass sie ihren Weg machen werden. Wir sind an ihrer Seite.

Angst, dass das Kind andere Werte entwickelt als die eigenen

»Ich möchte meine Tochter ja unterstützen, aber ich habe Angst, dass sie andere Werte vertritt als ich, dass ich ihre Werte nicht teilen kann. Das möchte ich nicht unterstützen«, sagt ein Vater in der Elterngruppe. Was meinen Eltern mit anderen Werten, die sie selbst nicht teilen können?

Was ist, wenn mein Kind rechtradikal wird? Wenn er oder sie gegen Ausländer hetzt? Wenn ihm oder ihr die Umwelt geradewegs egal ist? Wenn es ihr nur um Geld und Ansehen geht? Wenn er überhaupt keine Empathie für seine Mitmenschen hat? Was ist, wenn wir da meilenweit auseinanderfallen, in dem, was wir für wichtig und richtig halten? Solche Fragen beschäftigen manche Eltern und sie sind zum Teil fassungslos, wie es dazu kommt, dass ihre Kinder offenbar von den Werten ihrer Eltern nichts mitbekommen haben. Wenn das so ist, dann ist es kompliziert. Dann ist es gut, ganz genau hinzuschauen und zu forschen, bis die eigentlichen Gründe zum Vorschein kommen: Ist das Kind gegen Ausländer, weil es schlechte Erfahrungen gemacht hat? Hat es das Gefühl, bei den Rechten gut aufgehoben zu sein, weil es spannende Jugendangebote kennengelernt hat? Geht es vielleicht auch um eine Revolte gegen die liberalen Eltern? Zeigt es keine Empathie, weil es selbst Mobbing-Erfahrungen gemacht hat? Kümmert es sich nicht um die Umwelt, weil es das Gefühl hat, dass man da eh nichts machen kann? Und so weiter. Es ist wichtig, darüber mit den Kindern in Austausch zu gehen. Und erst mal nur zu hören, woran es liegt. Und dann: In Ruhe die Sache zu Ende zu besprechen. Was passiert, wenn wir hier keine Ausländer mehr haben? Was passiert, wenn wir uns nicht klimafreundlich verhalten? Was passiert, wenn jeder nur an sich denkt und niemand Mitgefühl mit dem anderen hat? Und wenn es um Mitgefühl geht, die Situation umdrehen: Stell dir vor, du wärst in der Lage des Kindes, das ausgegrenzt wird, dem es schlecht geht. Wie würde es dir gehen?

Was können wir Erwachsenen tun?
Zu Ende denken, zu Ende besprechen und natürlich auch ganz klar die eigene Haltung vertreten. Das ist das, was Eltern tun können. Vielleicht zeigt sich die Wirkung nicht sofort. Aber: Was die Eltern sagen, ist den Kindern nicht egal. Auch wenn die Kinder es sich nicht anmerken lassen, seien Sie ganz sicher: Es ist irgendwo in deren Hinterkopf gespeichert.

Angst, etwas falsch zu machen, an allem schuld zu sein

»Seine Fehlhaltungen einzugestehen, ist ein Zeichen seelischer Gesundheit.« (Lucius A. Seneca)

Die Angst, Fehler zu machen, die Kinder, die unter Druck stehen, so gut kennen, haben natürlich auch viele Eltern. Wie oft klagen sie in der Beratung, dass sie selbst nicht funktionierten, zu dominant seien oder zu wenig für ihre Kinder da, dass sie sich zu beharrlich immer wieder mit ihrem Kind über die Schule gestritten hätten oder im Gegenteil: zu viel hätten durchgehen lassen, sich zu wenig gekümmert hätten.

»Ich war häufig beruflich unterwegs und nicht für die Kinder da«, erzählt ein Vater. »Wenn ich dann zu Hause war, hab ich alles für meine Kinder gemacht, um das Versäumte aufzuholen. Aber das ging nicht so einfach. Das Kind trauerte noch über die Lücke, die es vorher durchlebt hat. Mir tut es heute leid, dass ich so selten da war.«

Das Versäumte war nicht aufzuholen. Sein Verhalten machte nur klar: »Papa hat ein schlechtes Gewissen, das müssen wir nutzen.« Und so wurde die Schieflage immer größer.

Eltern haben Angst, etwas falsch zu machen, und sie machen auch Fehler. Ganz klar, sie sind ja keine Roboter. Es geht also nicht darum, nichts falsch zu machen. Es geht nicht darum, einen Schuldigen zu finden. Es geht darum, wie Eltern mit ihren Fehlern umgehen. Wenn sie sich und auch den Kindern ihre Fehler eingestehen können, ist das erst mal ein guter Schritt – es geht um Verantwortung und die übernehmen sie damit. Eltern haben die Verantwortung für ihre Kinder und dafür, wie sie mit ihnen umgehen. Wenn sie irgendwann feststellen, dass sie etwas falsch gemacht haben, ist Eingestehen eine gute Sache. Und es ist wichtig, dann nicht sofort zur Tagesordnung überzugehen, sondern gesprächsbereit zu bleiben. Denn es hilft, über die Fehler zu sprechen. Es hilft zu sagen: Das tut mir leid. Es eröffnet den Kindern die Möglichkeit, sich zu beklagen über das, was ihnen gefehlt hat und die Entschuldigung zu hören. Das ist gut. Ein solches Gespräch sorgt dafür, dass die Kinder, die sich sehr schnell selbst für Missstände in der Familie verantwortlich fühlen, erfahren, dass sie nicht schuld waren, dass etwas Wichtiges fehlte. Und dass ihr Gefühl stimmte, dass etwas nicht stimmte. Außerdem lernen sie, dass Missstände, Kritik, unangenehme Gefühle nicht einfach vom Tisch gewischt werden, sondern einen Platz bekommen. Das gibt ihnen Sicherheit, auch im Nachhinein. Und dann: Dass die Eltern sich bemühen, etwas zu verändern. Das ist wichtig, um glaubwürdig zu sein. Eine Mutter kam in die Beratung und erzählte, dass es ihr selbst eine Zeitlang nicht gut ging. Sie habe versucht, ihre Probleme zu lösen, indem sie getrunken hat. Ihr Sohn habe das natürlich mitbekommen. Seine Freunde auch. Es sei zu verstörenden Szenen für den Sohn gekommen. Heute sei er erwachsen. Sie wolle gern noch einmal mit ihm darüber sprechen und ihm die Möglichkeit geben, seine Sicht der Dinge mitzuteilen. Und sie wolle sich entschuldigen. Eine gute Absicht. Wir können die Dinge, die geschehen sind, nicht rückgängig machen, aber wir können dafür Verantwortung – auch und gerade gegenüber unseren Kindern – übernehmen.

Angst, es nicht zu schaffen

Manchmal haben Eltern das Gefühl: Wir schaffen es nicht. Wir haben uns einfach zu viel vorgenommen, als wir uns entschieden haben, Kinder in die Welt zu setzen. Die Kinder überfordern uns. Es ist alles viel schwieriger. Nachts nicht durchschlafen zu können, die Kinder zu trösten, wenn sie schreien und nicht selbst die Nerven zu verlieren. Sie gut zu begleiten, wenn sie Dinge tun, die man überhaupt nicht versteht: Wenn sie einfach anfangen zu schreien, zum Beispiel im Supermarkt, die Geschwister hauen, die Eltern treten, wenn sie nicht essen wollen oder ihr Zimmer in einen »Saustall« verwandeln. Die Liste ist endlos. Zusammengefasst: Wenn sie einfach nicht das machen, was sie sollen. Es ist so anstrengend. Dazu kommt ein anspruchsvoller Job, der Haushalt, die Beziehung zum Partner oder der Partnerin, der oder die vielleicht ganz andere Vorstellungen von Kindererziehung hat als man selbst, und manchmal die Sorge um die eigenen älter werdenden Eltern oder gar um die Existenz.

Da ist ganz schnell mal der »Kanal« einfach voll und Eltern schwanken zwischen Ärger auf die Kinder und Wut auf sich selbst. Wenn Eltern häufiger in diesem Modus sind, dann ist es gut, mal anzuhalten. Sich erst mal zurückzulehnen, durchzuatmen und sich mit anderen Eltern zu unterhalten, um zu erfahren: »Bei uns ist es genauso.« Eltern, die sich überfordert fühlen, haben oft den Eindruck, sie seien die Einzigen, denen es so geht. Und es ist so entlastend zu erfahren: Nein, andere kennen das auch. In meinen Elterngruppen kann ich häufig schon die Entlastung spüren, bevor die Gruppe angefangen hat. Einfach, wenn die Eltern dort sitzen und sehen: Hier sitzen noch andere in der Runde und die sind auch hier, um über ihre Sorgen mit den Kindern zu sprechen.

Nobody is perfect

»Perfektion ist lebensfeindlich, Glück entsteht im Provisorischen.«
Stephan Grünewald

Und das ist das Nächste: Eltern haben, ähnlich wie manche Kinder, oft den Wunsch, »alles richtig« zu machen. Auch wenn sie mit dem Verstand wissen: »Alles richtig machen, geht nicht.« Sie wollen eine perfekte Mutter, ein perfekter Vater sein, jemand, der immer für seine Kinder da ist, super kocht, mit links den Haushalt schmeißt und nebenbei noch seinen Job macht. Klingt komisch, klappt aber nirgendwo. Egal hinter welchen Vorhang Sie schauen.

> *Was können wir Erwachsenen tun?*
> Also, wie wäre es, sich, anstatt »perfekt« sein zu wollen, vorzunehmen, »ausreichend gute« Eltern zu sein – in Anlehnung an Donald Winnicott, den englischen Kinderarzt und Psychoanalytiker, der sagte »Good enough is good enough« – »Gut genug reicht aus.« Und »ausreichend gut« kann auch einfach heißen: »Wir holen uns Unterstützung, wenn wir das Gefühl haben, dass wir es nicht schaffen.« Das ist dann das Beste, was wir für unser Kind und auch für uns gerade tun können.

Angst, die Liebe des Kindes zu verlieren

»Früher«, so hat die ehemalige Familienministerin Ursula Lehr schon vor vielen Jahren erklärt, »gab es Buschbohnenfamilien«. Buschbohnenfamilien, das sind Familien, in denen es viele Zweige gibt, Geschwister, Onkel, Tanten, Großeltern, Cousins und Cousinen. Viele Leute, die mit den Kindern zu tun hatten, die auf sie schauten, an die sich die Kinder auch wenden konnten, wenn zu Hause mal so richtig Stress war. »Heute gibt es viel mehr Stangenbohnenfamilien«, ergänzte Frau Lehr. Also Familien mit einem Elternteil und einem Kind. Wo die Großeltern nicht unbedingt greifbar sind, der Vater oder die Mutter keinen guten Kontakt miteinander und dadurch die Kinder zum anderen Elternteil auch nicht so eine gute Verbindung haben, wenn sie überhaupt eine haben. Stangenbohnenfamilien, das bedeutet: Man ist sehr aufeinander angewiesen. Es gibt wenig Ausweichmöglichkeit, wenn man sich mal nicht so gut versteht. Die Kinder haben nur eine erwachsene Bezugsperson und diese eine Person ist oft sehr auf dieses eine Kind fixiert. Sie hat nicht nur die wichtigste Position für die Mutter oder den Vater, er oder sie ist wie abhängig davon, dass der Kontakt zum Kind gut ist, harmonisch, dass ihm oder ihr das Kind wohlgesonnen ist. Vielleicht kommt auch noch ein schlechtes Gewissen wegen der Trennung vom anderen Elternteil hinzu. Als Ergebnis tut diese Mutter oder dieser Vater möglicherweise alles, um es dem Kind recht zu machen. Eltern haben unbewusst auch das Bedürfnis, die wichtigste Person im Leben ihres Kindes zu bleiben und gleichzeitig die Angst, dass es sich von ihnen abwendet, wenn sie in den Augen des Kindes etwas falsch machen, dass sie seine oder ihre Liebe verlieren. Keine gute Ausgangsposition für die Beziehung, in der es ja auch um Erziehung, um fit machen für das eigenständige Leben geht. Für das, was dann oft passiert, habe ich immer das Bild: Die Kinder ziehen die Eltern am Nasenring durch die Manege. Sie spüren deren Bedürfnis nach Harmonie, sie spüren, dass die Eltern auf das Wohlwollen des Kindes angewiesen sind, dass sie danach hungern, von ihrem Kind in jeder Minute geliebt zu werden. Das ist Gift für das Kind. Es spürt seine Macht über die Gefühle des Elternteils und irgendwo im Hinterstübchen, ganz unbewusst, spürt es auch seine Überforderung. Wenn Kinder die Chefs zu Hause sind, sind sie ganz klar auch überfordert. Sie können nicht alles überschauen, nicht alles bestimmen und nicht die Macht über das Wohlbefinden der Eltern bekommen.

Was können wir Erwachsenen tun?
Was bedeutet das für Eltern, die mit ihren Kindern eine Stangenbohnenfamilie haben? Mindestens zweierlei: Auf jeden Fall ist es wichtig, dass sie auch andere Kontakte pflegen, dass sie selbst Freunde und Freundinnen haben. Damit signalisieren sie dem Kind, dass nicht alle Last auf dessen

Schultern liegt, dass es nicht alles richten muss, dass die Sicherheit der Eltern und der Kontakt zu den Eltern nicht allein an ihm hängt. Was Eltern noch tun können: dem Kind den Weg zu anderen Personen frei machen. »Es muss nicht alles von mir kommen«, es gibt Verwandte und/oder Freundinnen und Freunde, meine oder die des Kindes, manchmal auch Nachbarn, die willkommen sind, zu denen das Kind Kontakt haben darf, zu dem es gehen kann, wenn zu Hause Stress ist. Das entlastet am Ende beide: Eltern und Kinder. Und es ist wichtig, dass Eltern von sich wissen: Wenn ich etwas sage, das das Kind richtig doof findet, dann halte ich es aus, von ihm in dem Moment richtig doof gefunden zu werden. Das ist nicht schlimm. Es wird auch wieder anders – spätestens nächste Woche. Voraussetzung dafür ist natürlich, dass ich mir das, was ich sage, überlegt habe und dass es zum Wohl und zum Schutz des Kindes ist. Also, wenn ich sage: »Das Handy kommt nachts in die Küche«, dann entscheide ich das nicht, um zu zeigen, wer der oder die Stärkere ist, sondern weil ich weiß, dass ich mein Kind damit schütze. Eltern müssen wissen: Die Haltung ist entscheidend. Ich will mein Kind nicht ärgern, sondern es beschützen. Und dann sollten Eltern nicht auf sofortiges Verständnis bei den Kindern hoffen. Es ist wichtig zu wissen: Die Kinder werden es jetzt noch nicht zugeben, dass sie es einsehen. Das dauert noch mindestens, bis sie 25 sind.

Angst, den eigenen Schmerz anzuschauen

In die Beratung kommen manchmal verzweifelte Eltern, die Hilfe für Ihre Kinder suchen. »Kann mein Kind mal zu Ihnen kommen? Wir wissen nicht mehr weiter.« In meinem Kopf kommt mir diese Bitte manchmal vor, wie die Frage: »Können Sie mein Kind reparieren?« Eltern haben das Gefühl: »Bei uns wäre sonst alles in Ordnung, wenn dieses Kind nicht solche Kapriolen schlagen würde.«

Meine Erfahrung ist eine andere: Kinder werden schwierig, weil sie auf ein Problem in der Familie hinweisen wollen. Sie sehen keine andere Möglichkeit, das zu tun, als eben Probleme zu machen. So ist ihr schwieriges Essverhalten, ihre Schulverweigerung, ihr aggressives Verhalten oft ein Symptom, das sie stellvertretend für die ganze Familie tragen. Und Eltern fällt es häufig sehr schwer, auf ihre eigene Geschichte und deren Auswirkungen auf ihr heutiges Verhalten zu schauen. Hinzuschauen mit der Frage: Was hat das schwierige Verhalten des Kindes mit uns zu tun? Was ist vielleicht auch in der Familie schwierig? Häufig haben sie das Gefühl, dann »alles schuld« zu sein. Immer seien die Eltern, noch häufiger die Mutter alles schuld, wehren sie dann vielleicht ab. Und so verstellt sich ihnen der Blick auf das, was wirklich wirkt in der Familie.

Ein anderer Grund, warum es Eltern so schwerfällt, bei sich selbst zu gucken, ist, dass sie dafür möglicherweise ihre – oft schmerzhafte – eigene Geschichte anschauen müssen. Nur so können sie klären, was ihre blinden Flecken sind, die sie unreflektiert mit in die Familie, in die Erziehung bringen.

Ich denke sehr oft an eine Familie, die mit ihrem Sohn in die Beratung kam und einen Kübel an Vorwürfen über das Kind ausschüttete. Der Junge trank Alkohol, sprayte Häuser an, hatte sogar schon mal das Auto der Mutter entwendet. Während die Eltern das berichteten, saß er dort und weinte. Meine Aufgabe sollte in den Augen der Eltern sein, ihm zu sagen, wie er sich zu benehmen hat. Als ich den Vater fragte, wie er selbst groß geworden war, erwiderte er: »Ich hatte eine gute Kindheit, ich bin von meiner Tante mit dem Kochlöffel großgezogen worden.« Kein Wort über den Schmerz, dass die Eltern ihn weggeben hatten, dass die Tante Prügel als adäquates Erziehungsmittel anwendete. Kein Wort über seine eigene Trauer. Sie hatte schon damals keinen Platz und auch heute soll sie lieber nicht hervorgeholt werden, die Angst. Als er das erzählte, liefen ihm kleine Tränen aus den Augen. Benannt werden oder angeschaut werden, durften sie nicht.

Was können wir Erwachsenen tun?
Wenn Eltern Angst haben, den eigenen alten Schmerz anzuschauen, ist es wichtig, dass sie wissen: Das Anschauen hilft nicht nur ihnen, sondern auch ihren Kindern. Eltern können ihren alten Schmerz heute benennen, ihn bearbeiten und

ihm einen Platz geben. Sie können bestimmen, wo er hingehört, was sie damals gebraucht hätten und vielleicht auch verstehen, was ihr Kind heute braucht.

Wenn wir die eigene Angst zulassen können, sie uns bewusst machen können, können wir auch die Ängste der Kinder zulassen und müssen sie nicht abwehren!!!

Und Eltern fällt das viel leichter, wenn sie wissen: »Wir suchen keinen Schuldigen.« »Schuld abladen verboten«, steht auf einem kleinen Schild in meiner Praxis. Den Kindern die Schuld zu geben, ist genauso wenig hilfreich wie sie den Erwachsenen aufzubürden. Das verstellt lediglich den Blick auf das, was ist, was war und was wirkt. Denn dann greift der Mechanismus: Wenn jemand Schuld hat, muss man sich ja nicht weiter darum kümmern, etwas zu verstehen und daran zu arbeiten, dass etwas besser wird. Also wichtig: Eltern haben die Verantwortung, aber längst nicht immer die Schuld.

Die eigene Angst vor der Zukunft

Vielen Menschen geht es zurzeit so, dass sie das Gefühl haben, dass eine Krise die nächste jagt. Wenn man die Nachrichten sieht, gibt es nur Schreckliches, dem man hilflos ausgeliefert ist. An dem man nichts ändern kann. »Wir werden keine gute Zukunft haben und unsere Kinder schon mal gar nicht.« Ist dann ein Gefühl, das sie beschleicht.

Wenn Eltern auf das Weltgeschehen schauen, auf die vielen Probleme, die Klimakrise, die Pandemie, die Kriege, den Rechtsruck, die Inflation, die vielen Geflüchteten, dann haben manche schon mal Gedanken wie: »Hätten wir doch vielleicht besser keine Kinder in die Welt gesetzt.«

Nicht weil wir die Kinder nicht lieben, sondern weil wir einfach überfordert sind und nicht wissen, wie wir unsere Kinder gut groß kriegen und dann noch in eine gute Welt entlassen können. Weil wir selbst Angst vor den Gefahren und keine Idee haben, wo wir unsere Zuversicht hernehmen sollen. Und die Kinder sind noch so klein und werden es ausbaden müssen. Wir fühlen uns selbst hilflos angesichts der Weltlage. So wenig können wir sie beeinflussen. Eine verständliche Angst. Und bei manchen Eltern entwickelt sich ein düsteres Zukunftsszenario, das sie immer wieder in Gedanken durchspielen: Es kommt Krieg, es kommen Naturkatastrophen, die Kinder werden ihren sicheren Platz in der Welt nicht finden. Ja, es stimmt, dass sie einiges werden ausbaden müssen. Aber, es gibt mindestens ein Aber. Wir und sie können etwas tun.

Was können wir Erwachsenen tun?
Wir können sehen, wie wir mit Krisen wie der Pandemie gut umgehen können, wir können Geflüchteten helfen, wir können klimabewusst leben, wir können uns beruflich auch nochmal anders entwickeln, wir können einander beistehen, wir sind nicht hilflos. Das können wir unseren Kindern vorleben und sie so stärken. Ein bisschen Einfluss haben wir alle, auch wenn er noch so gering ist, wir können ihn nutzen. Wir lassen uns nicht erschlagen von den Leuten, die sagen, dass alles die Politik richten muss. Wir können einen Beitrag leisten.

9. Angst ist unsere Alarmanlage
Die gute Seite der Angst

Gegen die Angst

»Du musst doch keine Angst haben«, wird Kindern manchmal gesagt, wenn sie äußern, dass sie sich ängstigen, dass sie zum Beispiel nicht allein in den Keller gehen möchten oder nicht bei den Nachbarn klingeln, um ein Ei auszuleihen. »Angsthase, Pfeffernase«, werden ängstliche Kinder manchmal aufgezogen, wenn es darum geht, etwas zu tun, vor dem sie zurückschrecken. Das stachelt sie dann manchmal an und sie tun etwas, das sie nicht möchten oder sich eigentlich nicht trauen zu tun – manchmal geht es gut und sie haben es geschafft, manchmal geht es schief, sie schaffen es nicht oder sie bereuen es, weil sie es einfach nicht für richtig hielten, dem Mitschüler das Portemonnaie aus dem Ranzen zu klauen.

Auch sogenannte Challenges, Herausforderungen, z. B. bei TikTok, funktionieren nach diesem Prinzip. Jemand muss etwas tun, das z. B. eklig, gruselig oder auch riskant bis gefährlich, in manchen Fällen sogar lebensgefährlich ist, und dadurch kann er zeigen, dass er keine Angst hat. Die meisten Kinder, die sich an diesen Challenges selbst beteiligen, geben an, dass sie es tun, um anderen zu zeigen, dass sie es können, »weil andere es gut finden, wenn ich mitmache.«[66]

In der Erwachsenenwelt heißt es dann eher: »Angst ist kein guter Ratgeber«. Bei Jung und Alt gilt: Die Angst soll weg sein, denn sie ist hinderlich. Sie hindert uns daran, weiterzugehen. Angst macht Angst. Und wenn wir Angst haben, trauen wir uns nicht. Wir befürchten, etwas nicht zu schaffen, in der Prüfung durchzufallen, den neuen Job nicht bewältigen zu können, uns in einer fremden Umgebung nicht zurechtfinden zu können, neuen Herausforderungen nicht gewachsen zu sein. Angst macht Angst, als schwach zu gelten, vor anderen und sich selbst als Versager dazustehen und deshalb verspottet zu werden. In einen tiefen Keller zu gelangen, aus dem wir nicht mehr auftauchen.

Auch andere sollen mit ihrer Angst lieber »zu Hause« bleiben, sie könnte ansteckend sein. »Wenn du Angst hast vor dem 10-Meter-Brett, dann krieg ich auch Angst.« »Wenn du dir Sorgen davor machst, dass es hier Krieg gibt und schon Lebensmittel und Klopapier hortest, dann mach ich das besser auch.« »Wenn du Angst vor Ausländern hast, dann könnte da ja was dran sein.« Und so weiter. Und so möchte man sich nicht befassen mit der Angst, nicht mit der eigenen und auch nicht mit der der anderen. Sie muss unbedingt abgewehrt werden. Wenn man sich damit beschäftigen würde, das könnte einen schwach machen, unter Umständen sogar handlungsunfähig. Angstfrei zu sein, ist mutig, ist stark, macht einen unangreifbar und gilt deshalb als erstrebenswert. Nur ohne Angst gelangen wir ans Ziel, sind wir erfolgreich, kommen wir durchs Leben. Und so gibt es Kurse und Bücher gegen die Angst. »Wie Sie angstfrei durchs Leben gehen können«, lautet die Verlockung.

Eine Freundin von mir ist mit dem Satz groß geworden: »Wir können alles und wir haben keine Angst.« Und so geht sie forsch durchs Leben und verdrängt ihre Angst.

Der russische Oppositionelle Alexej Nawalny ging in Russland ins Gefängnis mit dem Satz: »Ich habe keine Angst. Ihr müsst keine Angst haben.« Er hat seine Furchtlosigkeit mit dem Leben bezahlt.

Aber wo ist sie, die Angst, wenn wir sie nicht haben? Sie kann ja nicht weg sein. Jeder Mensch kennt Angst und sie ist ein normales Gefühl, das zum Leben gehört. Mehr noch: das zum Leben notwendig ist. Wo haben Nawalny und meine Freundin ihre Angst hingepackt? – Keine Ahnung, wo sie sie versteckt haben, aber sie verbirgt sich manchmal hinter dauerndem Aktivismus, im Extremfall auch hinter Zwangshandlungen, mit denen man versucht, alles im Griff zu halten, oder auch hinter anderen Krankheiten.

Kontraphobisch nennt sich dieser Mechanismus der Angstvermeidung. »Gegen die Angst«. Die Angst wird verleugnet und man geht scheinbar angstfrei in neue, unbekannte Situationen. Das heißt, man hat eigentlich Angst, zeigt aber Mut. Das Verhalten entspricht nicht dem Gefühl. Das Gefühl wird verkehrt in das ihm entgegengesetzte Verhalten. Der Begriff geht zurück auf den Psychoanalytiker Otto Fenichel. Er beschreibt ein Verhalten, bei dem die innere Gefühlswelt im Gegensatz zum äußeren Erscheinungsbild eines Menschen steht. Kinder, die z. B. Angst haben, in den Keller zu gehen, singen auf dem Weg dorthin oder sprechen sich selbst laut Mut zu, um ihre Angst zu vertreiben. »Ich bin zwar klein und auch noch jung, aber ihr glaubt ja gar nicht, wie stark ich bin.« Hat mein Vater als Kind laut gerufen, wenn er in den Keller musste. Das kann manchmal helfen. Sich selbst Mut machen. Ohne Angst in unbekannte oder sogar gefährliche Situationen zu gehen, heißt aber auch, dass man möglicherweise ungeschützt ist.

Natürlich geht es nicht, sich ständig mit seinen Ängsten zu beschäftigen, auch das würde uns nicht helfen. Und so haben wir alle Abwehrstrategien entwickelt, die notwendig sind, um durch alltägliche kritische Situationen durchzukommen, die uns dazu dienen, Angstszenarien kleiner zu halten, uns nicht von der Angst überwältigen zu lassen:

Im Alltag brauchen wir Bewältigungsstrategien, um Angst auch zu überwinden und uns neuen und/oder schwierigen Situationen zu stellen. So distanzieren wir uns vielleicht von angstmachenden Situationen, wir sagen: »Das ist ja eh nicht so wichtig, ich möchte eh nicht vom 10-Meter-Brett springen.« Oder wir rationalisieren eine Gefahr, indem wir sagen: »Das passiert doch nur in einem von 1000 Fällen, dass ein Medikament diese oder jene Nebenwirkung entwickelt.« Oder wir nehmen die Gefühle raus und probieren, mit Verstand und Logik eine Situation zu analysieren, wir suchen vielleicht Vergleiche mit Situationen, in denen es auch gut gegangen ist, wir ziehen Studien zurate oder sagen uns, dass man eigentlich keine Angst haben muss. So müssen wir unsere Angst nicht zugeben. Oder wir beruhigen uns selbst, indem wir in einer Panik versuchen, unseren Atem zu kontrollieren: Einatmen … bis vier zählen, anhalten … bis vier zählen, ausatmen … bis acht zählen. Das beruhigt uns erst mal körperlich und ist ein guter Trick. Das sind Maßnahmen, die uns im Alltag helfen können, damit die Angst uns nicht bei jedem Anlass überrollt. Entscheidend ist, dass wir erkennen, wann es wichtig ist, sich nicht zu beruhigen, sondern genau hinzuschauen. Denn dann können wir uns schützen und mit der Angst umgehen.

Angst ist überlebenswichtig

Angst ist die Alarmanlage des Menschen. Ein uraltes Gefühl. Überlebenswichtig. Die Angst zeigt uns, wenn Gefahr droht. Das Gehirn knipst quasi ein Rotlicht an, das blinkt und uns signalisiert: Achtung, aufpassen, nicht blind hineinlaufen in die Situation. Und wenn wir uns gefährliche Situationen vorstellen, ist es wichtig, dass wir schnell von unserem Körper ein Signal bekommen. Die Angst warnt uns und signalisiert – manchmal in Bruchteilen von Sekunden –, dass wir uns schützen müssen. Wenn ein Auto auf uns zukommt, ist es wichtig, dass wir nicht lange überlegen, sondern schnell wegspringen. Würden wir das nicht tun, würden wir wahrscheinlich überfahren werden. Wenn wir keine Antennen für Gefahr hätten, Warnungen nicht begreifen würden, würden wir uns mehr verletzen, mehr Unfälle bauen, häufiger Leib und Leben riskieren.

Wenn wir Angst haben, spüren wir die Erregung sofort in unserem Körper. Wir spannen die Muskeln an, stehen starr vor Schreck, zittern, das Herz rast und wir reagieren im akuten Moment. Wenn die Gefahr gebannt ist, können wir uns irgendwann – im Normalfall – auch wieder entspannen.

Manchmal kommen wir erst nach längerem Überlegen dazu, dass eine Situation gefährlich werden könnte, langsam, es spitzt sich etwas zu. Und wir beschäftigen uns mit der Frage, wie wir die Situation verändern oder vermeiden oder wie wir uns wappnen können.

Wir haben Angst vor etwas, das in der Zukunft passieren könnte. Es könnten sich die Eltern trennen, die Matheklausur könnte zu schwer sein, Mitschülerinnen und Mitschüler würden mitbekommen, dass ich ein Handicap habe und mich dann ausschließen und hänseln. Aber auch: Die Klimakatastrophe führt dazu, dass unsere Welt in Zukunft nicht mehr lebenswert ist, es wird Krieg geben, die Gesellschaft wird sich weiter aufspalten, wegen der vielen Geflüchteten, die zu uns kommen.

Ängste fordern uns heraus, uns mit uns zu beschäftigen. Es wird langfristig nicht helfen, so zu tun, als wären wir komplett angstfrei. Wenn wir uns entwickeln wollen und uns nicht von den Ängsten bestimmen und unter Umständen unser Leben diktieren lassen wollen, etwa von der Angst, auf die Straße zu gehen: »Ich habe Angst, auf die Straße zu gehen, also bleibe ich jetzt zu Hause«, dann ist die Alternative, sie erst mal genau anzuschauen. Was für eine Angst habe ich? Wann ist sie sinnvoll? Wann ist sie hinderlich? Woher kommt die Angst? Wann war sie einmal sinnvoll? Ist sie berechtigt oder verstehe ich sie manchmal selbst nicht? Das heißt, wenn wir Angst verspüren, die andauert, ist es wichtig, dass wir uns fragen: Ist die Angst angemessen für die Situation? Oder: Löst unser Körper gerade Fehlalarm aus? Und: Wenn sie aus der Situation nicht zu verstehen ist, wo kommt sie dann her?

Um das alles zu überlegen, ist es gut zu wissen: Es hilft, wenn wir die Angst erst mal annehmen, anschauen, probieren, sie einzuordnen und ihr einen Platz zu geben. Wenn wir uns ängstigen, wenn keine reale Gefahr besteht, dann könnte es ein Fehlalarm sein. Das ist das, was passiert, wenn Menschen Angst haben, auf Plätze zu gehen, in Aufzüge zu steigen, Panik bekommen, obwohl alles in Ordnung ist. Wenn unsere Alarmanlage häufiger Fehlalarm auslöst, dann hilft und entlastet es langfristig, sich dem zuzuwenden, denn dauernder Fehlalarm kann sehr belastend sein, wie es im Kapitel über Panik beschrieben ist. Dann ist es sehr wichtig, sich Unterstützung zu holen, um zu verstehen, was die eigentliche Angst ist und welchem Thema wir uns eigentlich zuwenden müssen und was wir brauchen, um es zu heilen. Denn wir können davon ausgehen, dass es dann eine verschobene Angst ist, die eigentlich woanders herkommt und woanders hingehört.

Bei Zukunftsängsten von Jugendlichen ist es ebenso wichtig, genau hinzuschauen: Ich habe zu Beginn des Buches über die Angst vieler junger Menschen vor der Klimakatastrophe gesprochen. Diese Angst, darauf weisen viele Studien und Expertinnen und Experten hin, ist eine Realangst. Das heißt: Es ist gut und wichtig, sie nicht zu verdrängen, sondern zu überlegen, was man tun kann. Auch hier ist die Angst nützlich. Es ist wichtig, dass die Alarmanlage ausgelöst wird und wir handeln können. Rechtzeitig. Indem wir uns der Angst stellen und aktiv werden, verringern wir die Angst.

Angst ist ursprünglich also eine sehr sinnvolle Sache. Problematisch wird es, wenn wir Angst vor der Angst haben. Denn dann müssen wir sie weghalten und das gelingt nicht wirklich. Sie wird irgendwo wieder herauskrabbeln und sich in anderem Gewand zeigen.

Mit der Angst umgehen

Vom Sinn der Angst nennt Verena Kast ihr Buch über die Angst. Und sie beschreibt eindrücklich, wie uns die Angst sogar weiterbringen kann, indem sie uns zwingt, uns mit uns selbst zu konfrontieren, mit genau den Seiten, die wir aus Angst vor Blamage, vor Scheitern, vor Verlust immer versuchen wegzuhalten.[67] Kast sieht in der Angst eine Notwendigkeit, weil sie uns zwingt, die verdrängten Seiten anzuschauen. Es geht darum, den Sinn der Angst zu verstehen. Dadurch erfahren wir mehr über uns selbst. Je mehr wir über uns wissen und anschauen können, umso mehr Handlungsmöglichkeiten haben wir. Wir müssen das vielleicht Ungeliebte nicht mehr weghalten, wir können auch Seiten an uns akzeptieren, die wir nicht so mögen. Das macht uns weniger ängstlich. Ein Kind, das große Angst davor hat, eine Arbeit zu verhauen, sich vielleicht ausmalt, dass es dann die Versetzung nicht schafft, könnte sich zum Beispiel klarmachen, dass es viel wichtigere Dinge gibt als die Arbeit, zum Beispiel, dass die Eltern weiter zu ihm stehen und ihm helfen, seinen Weg zu machen. Dann könnte sich der Blick auf die Arbeit verändern. Sie wäre nicht mehr ganz so wichtig. Das Kind könnte sich in Ruhe vorbereiten und dann mit dem Bewusstsein in die Arbeit gehen, dass es leistet, was ihm möglich ist. So verändert sich auch unser Blick auf uns selbst. Er wird wohlwollender.

Wenn wir uns ängstigen, weil wir Angst haben, eine wichtige Person zu verlieren, dann hilft das Umdeuten nicht weiter, dann geht es darum, uns damit zu befassen, wie wir mit dem Verlust zurechtkommen können. Der Umgang mit der Angst könnte uns dann dazu führen, auf etwas zu verzichten, loszulassen.

Es ist also nicht unbedingt ein Spaziergang, der Angst ins Auge zu sehen, sonst hätten wir ja nicht so viele Vermeidungsstrategien entwickelt, die uns abhalten sollen, uns mit ihr zu beschäftigen. Und es ist wichtig, die Angst sehr differenziert anzuschauen. Wenn wir unsere Angst verstehen, ihren Sinn und ihre Wurzeln, dann können wir sie positiv nutzen. Wenn Alexej Nawalny seine Angst zugelassen hätte, würde er wahrscheinlich heute noch leben und könnte der Oppositionsbewegung in Russland seine Stimme geben.

Kinder und Jugendliche und natürlich auch Erwachsene, die sich ihrer Angst vor der Klimakatastrophe zuwenden und sie als Realangst begreifen, haben die Möglichkeit, aufzustehen und etwas zu tun. Viele haben diese Möglichkeit schon genutzt und schon viel bewirkt. Mehr davon!

10. Wünsche an die Zukunft

»Meine Ziele erreichen und nichts bereuen«

Schauen wir auf die andere Seite: Was steht den Ängsten gegenüber? Worauf hoffen die Kinder und Jugendlichen? Was wünschen sie sich? Wovon träumen sie? Wo können wir sie positiv abholen? Das wollte ich wissen, unter anderem von 16- bis 17-jährigen Schülerinnen und Schülern einer Gesamtschule. Meine Fragen an sie:
»Was ist Ihr größter Wunsch/Ihre größte Hoffnung?« und »Was sind Ihre Pläne für die Zukunft?«

Der Wunsch, finanziell abgesichert zu sein

An erster Stelle steht in dieser kleinen Stichprobe die finanzielle Sicherheit. 10 von 19 Schülerinnen und Schülern sehen Geld als wichtig an. Wie diese Sicherheit genau aussehen soll, klingt allerdings sehr unterschiedlich. Sie wünschen sich unter anderem »finanziell unabhängig zu sein«, »gutes Geld zu verdienen«, »in der Zukunft finanziell sicher zu sein«.

Bei anderen klingt »Geld zu haben«, wie ein radikaler Heilsbringer:

»Ich will einfach reich werden. Alle meine Ziele erfüllen (mit viel Geld). Dicke Autos, dicke Uhren, schöne Urlaube, schöne Frau und Kinder«, sagt der 17-jährige Joshua.

Geld steht für viele für Erfolg. Der lässt sich in ihrer Vorstellung zum Beispiel daran festmachen, dass man eine hohe Position im Management hat oder so leben kann, wie man es sich vorstellt:

»Mein größter Wunsch ist es, erfolgreich zu sein und mein Leben so zu leben, wie ich es mir vorgenommen habe«, wünscht sich der 16-jährige Simon.

Finanzielle Sicherheit bedeutet für viele auch: Unabhängigkeit. »Ich kann leben, ich kann gestalten, ich führe Regie in meinem Leben.« Reich und erfolgreich zu werden, wünschen sich in der Mehrzahl die männlichen Jugendlichen.

Der Wunsch, glücklich zu sein

Die weiblichen Jugendlichen nennen häufiger den Wunsch, »ein erfülltes Leben zu führen«.
»Ehrlich sagen zu können: Ich bin glücklich«, »dass ich in der Zukunft richtig fröhlich bin«. Auch sie wollen so leben können, wie sie es sich vorstellen. Theresa beantwortet die Frage: »Was sind Ihre Pläne für die Zukunft?« charakteristisch für viele andere so: »viel zu erleben. So dass, wenn mein Ende kommt, ich sagen kann: Ich hab viel erlebt und viel gesehen. Immer glücklich sein und sich von niemandem was sagen lassen. Außerdem eine erfolgreiche Karriere.« Sie verbindet Glück auch mit Unabhängigkeit und Selbstbestimmtheit.

Der Wunsch, eine Familie zu haben

Top 2 auf der Wunschliste vor allem der Jungen ist der Wunsch, mal eine eigene Familie zu haben. Ein Mädchen und fünf Jungen äußern diesen Wunsch:
Die 16-jährige Doro wünscht sich nach dem Abitur, nach einem Auslandsaufenthalt und nach dem Studium eine Familie zu gründen. Bei dem 16-jährigen Greg kommt die Familie, nachdem er beruflich »gesettelt« ist und seinen Körper in Form gebracht hat. Er schreibt: »Unternehmer, bestmöglichen Körperbau aufbauen, Familie gründen (vielleicht), duales Studium.« Seine Antwort auf die Frage nach seiner größten Hoffnung, seinem größten Wunsch klingt so: »Gesund, erfolgreich, Familie, fulfilment«. Der 17-jährige Joshua wünscht sich »schöne Frau und Kinder« in der Aufzählung nach »dicke Autos, dicke Uhren, schöne Urlaube.« Auch er möchte erst etwas zu bieten haben, etwas Vorzeigbares. Dann

kommt die Familie »on top«. Der 16-jährige Mirko plant: »Genug Geld verdienen. Einen guten Job haben, Haus kaufen, Familie gründen, Vorbild für meine Kinder sein.« Für den 16-jährigen Gero steht die Familie an erster Stelle: »Ich möchte eine Familie haben und ein Leben, das mich erfüllt«, antwortet er auf die Frage nach seinen Plänen für die Zukunft.

Familie, das bedeutet, eingebunden zu sein. Bei manchen Antworten wirkt die Nennung von Familie wie eine Selbstverständlichkeit, fast wie ein Prestigeobjekt, ein »Add on«, das zum Leben dazu gehört. »Gesund, erfolgreich, Familie, fulfillment«. Aber es geht auch darum, das Leben sinnvoll zu machen und Verantwortung zu übernehmen, etwas zurückzugeben und etwas weiterzugeben. »Ich will meine Familie stolz machen«, sagt der 17-jährige Joshua. »Meinen Kindern jeden Wunsch erfüllen, so wie meine Eltern mir.« Ähnlich ist es für Mirko. Er möchte »Eltern glücklich machen, guten Job, Familie gründen, Vorbild für die Kinder sein.« Er möchte nicht nur etwas selbst gestalten, sondern ihm ist auch der Blick der eigenen Eltern auf ihn sehr wichtig. Er möchte sie »stolz« machen.

Der Wunsch, zu reisen und die Welt kennenzulernen

Fünf der Mädchen und ein Junge der elften Klasse wünschen sich erst mal »rauszukommen«. Etwas Neues zu sehen, zu gucken »was geht«, wie mir mal ein Jugendlicher erklärt hat. Sie sind offen für die Welt, möchten viel von ihr sehen und andere Kulturen kennenlernen, in der Vorstellung, viel Spannendes zu erleben. Sie wünschen sich, dass sie das Neue und Andere inspiriert und sie sich daran weiterentwickeln können. Bei der 17-jährigen Thea klingt das so: »Ich erhoffe mir viele neue Eindrücke, wodurch ich dann genauer erfahre, was ich später machen will und was ich erreichen möchte.« Die 17-jährige Sybel antwortet auf die Frage nach ihren Zukunftsplänen: »Mein größter Wunsch ist es, meine Träume zu erfüllen, zu reisen und das Leben zu führen, was gut für mich ist.«

Reisen und die Welt zu sehen, erscheint wie ein Türöffner in ein neues, eigenständiges Leben. Levin möchte »Deutschland nach dem Abi verlassen für ein Auslandsjahr (neues Leben anfangen).« Das Ausland eröffnet ihm in seiner Vorstellung die Möglichkeit, den Reset-Knopf zu drücken, neu anzufangen und dann sein Leben selbst zu steuern. Isabel stellt sich vor, dass sie ihren Wunsch, ihr Leben selbst in die Hand zu nehmen, umsetzt, indem sie sich selbst ans Steuer setzt: »Mein Traum wäre es, mit einem Camper die Welt zu bereisen.« Für sie, wie für viele andere, geht es um Unabhängigkeit, frei sein, die Dinge selbst zu gestalten und Neues zu erleben. Offenheit für die Welt.

Der Wunsch, etwas Sinnvolles zu tun

Gefragt nach ihren Plänen für die Zukunft, haben einige Schülerinnen und Schüler auch den Wunsch, anderen zu helfen, genannt:
Der 17-jährige Levin, der mit Kryptotrading noch erfolgreicher werden möchte und u. a. Ronaldo und Andrew Tate als Vorbilder nennt, möchte »Kinder aus problematischen oder schwierigen Familien unterstützen«. Der 16-jährige Martin, der Fußball-Profi werden möchte, wünscht sich nach »gutes Geld verdienen und Familie gründen«, dass er »Hunde in armen Ländern vor dem Tod retten« kann. Mia, die viel von der Welt sehen möchte, träumt außerdem davon, »mit Leuten, Kindern zusammenarbeiten und ihnen zu helfen«. Isabel möchte in einer Auffangstation für verletzte Tiere arbeiten und Theresa stellt sich vor, so viel Geld zu haben, dass sie Schulen in den Armenvierteln von Afrika bauen kann.
In dem Ziel, Bedürftigen zu helfen, ist auch der Wunsch nach dem Blick über den Tellerrand zu spüren. Diese Jugendlichen möchten in Verbindung sein mit anderen und sich aus einer guten Position heraus um andere kümmern. Wenn sie etwas erreichen, möchten sie das auch zeigen und es mit anderen teilen.
Gleichzeitig ist mit dem Kümmern um andere auch der Wunsch verbunden, etwas Sinnvolles zu tun, dem eigenen Leben einen Sinn zu geben.

Der Wunsch, dass die Krisen gemeistert werden

Obwohl die Frage nach den Zukunftsplänen und -wünschen sehr persönlich gestellt war, haben manche sie zunächst auf die Weltlage bezogen:

Auf die Frage nach seiner größten Hoffnung, seinem größten Wunsch antwortet der 16-jährige Tibor: »Dass wir den Klimawandel besiegen und der Rechtsruck zu einem Ruck zurück zur Mitte, also nach links wird. Mein größter Wunsch ist, in einer friedvollen, klimaneutralen und offenen Welt zu leben.« Auch die Frage, was oder wer für sie besonders hilfreich im Blick auf die Zukunft ist, bezieht er auf die Weltlage. Seine Antwort: »Die Grünen, die etwas gegen den Klimawandel tun und für eine friedvolle und offenere Welt stehen.«

Auch Thea nennt zuerst als größten Wunsch/größte Hoffnung: »dass die Umweltverschmutzung bewältigt, verbessert wird.« Die 16-jährige Holly formuliert es so: »Dass meine Entscheidungen die Richtigen sind und ich glücklich im Leben stehe und dass die Menschheit vernünftig handelt und Krisen reduziert werden.«

Den Wunsch nach Frieden haben sehr viele Kinder geäußert, mit denen ich für mein Kinderbuch *Wann ist endlich Frieden?*[68] gesprochen habe. Und die Stiftung Bildung hat »50 Wünsche für die Welt« von Kindern unterschiedlichen Alters gesammelt. Auch 7-jährige wünschen sich »Frieden und eine saubere Welt.«[69]

Wie soll das alles gehen?

Darüber, wie die Ziele und Wünsche erfüllt werden können, bestehen ganz unterschiedliche Vorstellungen bei den Jugendlichen. Bei manchen klingt es schon sehr konkret: Die 16-jährige Doro stellt sich vor, zuerst das Abitur zu machen, anschließend zu studieren, Mathe oder auch Medizin, eventuell auch ein Semester im Ausland zu verbringen und später eine Familie mit Kindern zu haben.

Schritt für Schritt vorgehen möchte auch Thea: »Ich möchte erst mal mein Abitur erfolgreich abschließen und dann ein Au-Pair-Jahr oder sowas in die Richtung machen.« Simon denkt zunächst daran, viel Zeit mit seinem Bruder und anderen geliebten Menschen zu verbringen. »Aber auch alles machen, was ich mir für mein Leben vorgenommen habe. Mein Plan ist es, im Ausland zu studieren, musikalisch, künstlerisch aktiv zu sein und mein Leben zu leben.« Ganz viel ist möglich und auch Holly erwähnt die verschiedenen Lebensbereiche: »Ich möchte in der Zukunft studieren, einen Job finden, aber auch meine Freizeit genießen und die Welt entdecken. Dies möchte ich auch mit Freunden teilen und ein gutes Verhältnis zu meiner Familie halten.« Von dem »Anker« Familie aus kann man gut in die Welt gehen.

Die 16-jährige Isabel schreibt: »Ich hab mehrere Ideen, Geschichte studieren, Meeresbiologie studieren, Grundschullehrerin werden, Eventmanagement oder in die Politik gehen.« Vieles steht ihr in ihrer Vorstellung offen und das ist Zurzeit erst mal eine Spielwiese, auf der man gedanklich herumschauen kann.

Andere haben eher vage Vorstellungen:
»Immer glücklich sein und sich von niemandem etwas sagen lassen«, wünscht sich die 16-jährige Theresa. »Außerdem eine erfolgreiche Karriere.« Darüber, wie das gehen kann, äußert sie keine Vorstellung. Der 16-jährige Tom plant: »Abitur fertig machen. Danach einen guten Job bekommen und gutes Geld verdienen.« Man hat das Gefühl, seine Antwort hat gar nicht so viel mit ihm persönlich zu tun. Es ist schwer für ihn, einen Bezug zu sich selbst herzustellen. Auf die Frage: Wen oder was empfinden Sie als besonders hilfreich im Blick auf die Zukunft? Antwortet er: »Fällt mir jetzt leider niemand ein.«

Mit dicken Autos und dicken Uhren gegen den Klimawandel

Bei manchen hört sich der Lebensentwurf erst mal sehr widersprüchlich an.

Die Wünsche und Ziele, wie »dicke Autos, dicke Uhren«, klingen wie der Kampf gegen die eigenen Ängste, die Joshua so beschreibt: »Ich schaue mit gemischten Gefühlen auf die Zukunft, wie z. B. Angst vor dem Scheitern«, antwortet er auf die Frage nach dem Gefühl, mit dem er auf seine ganz persönliche Zukunft schaut. Diese Sorge nimmt er in Klammern gleich wieder zurück: »Wird – egal wie – nicht passieren.« Die Ziele sind so hochgesteckt, dass es schwer ist, sie zu erreichen, das Scheitern ist ein absolut mögliches Szenario.

»Ich mache mir besonders über den Klimawandel und den Krieg Sorgen, weil diese beiden Aspekte das Leben gewaltig ändern können«, antwortet er auf die Frage. »Über welche gesellschaftlichen Themen machen Sie sich besonders Sorgen?« Einen Widerspruch zwischen seinem Wunsch, in »Saus und Braus« leben zu wollen, und der Klimakrise nimmt er nicht wahr. Das ist gleichzeitig auch sehr typisch für diese Altersgruppe: Widersprüchliche Wünsche und Vorstellungen bestimmen die Zeit der Jugend mehr als andere Lebensabschnitte.

Zum Teil gibt es Vorstellungen, dass die Ziele sich von selbst, wie von Zauberhand erfüllen:
Der 17-jährige Levin schreibt auf die Frage nach seiner größten Hoffnung, seinem größten Wunsch: »Nach dem Abi finanziell frei zu sein und weder studieren zu gehen noch eine Ausbildung zu machen.« Sein Wunsch: »Mit Kryptotrading noch erfolgreicher zu werden.«
Es soll keine Schritt-für-Schritt-Entwicklung stattfinden. Der Erfolg soll sich einfach einstellen.
Als besonders hilfreich im Blick auf die Zukunft nennt Levin seine Eltern, Ronaldo und mehrere Influencer: Iman Gadhzi, ein 23-Jähriger, der auf Youtube zeigt, wie man Geld macht durch Online-Marketing. Er gehört zu einem Tiktok-Trend, der sich »Monk mode« nennt. Junge Männer machen vor, wie man asketisch, eben wie ein Mönch, lebt: kein Alkohol, keine Drogen, kein Kaffee, kaum Freunde treffen, keinen unverbindlichen Sex, keine Masturbation und ein durchtrainierter Körper. Das Ziel ist nicht die Erleuchtung, sondern reich zu werden. Iman Gahdzi gibt vor, das zu sein, er präsentiert u. a. Uhren. Eine asketische Phase dauert bei ihm 60 Tage, dann darf er wieder Vodka trinken, angeblich das

Lieblingsgetränk des Russen, und er darf wieder das Leben genießen.

Ein großes Vorbild ist für Simon und auch für den 16-jährigen Greg Andrew Tate. Auch Tate ist Influencer, ehemaliger Kickboxer und nennt sich selbst »King of toxic masculinity«. Er setzt frauenverachtende Tweets ab, Frauen seien Eigentum der Männer, und beschreibt Gewalt gegen Frauen. Angeklagt wurde er in Rumänien wegen organisierter Kriminalität, Menschenhandel und Vergewaltigung. Seine Fans feiern ihn dafür, dass er »männliches Empowerment« fördere.

In Großbritannien gibt es Berichte von Lehrerinnen und Lehrern, die zunehmende Frauenfeindlichkeit an Schulen beobachten. Jungen, die Tates Slogans auf dem Schulhof zitieren.[70] Was an der Beliebtheit solcher Influencer deutlich wird, ist auch die Rollenunsicherheit mancher Jungen. In Zeiten von selbstbewussteren Mädchen, brüchigeren Familienverhältnissen, werden hier Bilder gezeigt, die die Verhältnisse wieder »gerade« rücken, die Männer als die Macher und Entscheider darstellen. Hier bekommen sie ein klares, vermeintlich männliches Rollenbild präsentiert, das Unsicherheiten darüber, wie Mann zu sein hat, über Bord wirft.

Die Antworten der 16- und 17-Jährigen klingen erst mal so, als seien die Mädchen offener und unbeschwerter als die Jungen. Während die Jungen sich um Geld und Erfolg kümmern, scheinen die Mädchen unbekümmert auf Weltreise gehen zu wollen. Jungen erleben mehr Druck, das Leben zu sichern und sich zu beweisen.

Mit 16 oder 17 muss man noch nicht wissen, was man beruflich machen möchte, wo und wie man leben möchte. Aber es ist natürlich hilfreich, eine Vorstellung davon zu haben, wie man Erkenntnisse über die Möglichkeiten gewinnen kann und wer einem gegebenenfalls dabei helfen kann. Vorbilder spielen eine wichtige Rolle. Hier finden Kinder und Jugendliche Sicherheit und ein Modell, wie Leben gehen kann.

Was können wir Erwachsenen tun?
Für uns ist es wichtig, zu verstehen, dass Kinder und Jugendliche an Vorbildern abschauen, wie sie ihr Leben gestalten wollen. Falls sie sich kriminelle Vorbilder suchen, ist es wich-

tig, dass wir das mitbekommen und mit ihnen darüber in eine konstruktive Auseinandersetzung gehen. Was genau ist das Faszinierende daran, sich als besonders »männlich« und stark zu geben und Frauen zu verachten? Es kann auch ein Versuch sein, die Angst zu bannen. Sich stark und männlich machen zu wollen gegen die Angst. Angst davor, nicht zu wissen, wie man sich verhalten soll, welche Rolle man einnehmen kann, um sich sicher in der Welt zu fühlen. Und es ist wichtig, das zu verstehen. Wenn wir verstehen, was Jugendliche an Influencern wie Andrew Tate finden, können wir sie genau dort abholen. Das bedeutet, mit ihnen über die Angst zu sprechen, die sie offenbar unbedingt abwehren müssen, und nach Möglichkeiten zu suchen, wie man sich auch anders stark und lebendig fühlen kann. Was an den Vorbildern ist so toll? Was verheißen sie? Und was halten sie wirklich? Welche Vorbilder gibt es noch? Und wie kann der eigene Weg gefunden werden? Welche Basis brauchen sie, um gut in die Welt zu gehen und sich sicher zu fühlen?

11. Der Angst entgegengehen
Wie aus Angst Mut werden kann

Wenn wir der Angst entgegengehen

Wenn wir nicht vor unserer Angst fliehen müssen, dann kann sie zum Motor werden. Ein Motor, etwas zu verändern. Und wenn wir uns mutig der Angst stellen, also Mut haben, uns mit der Angst zu beschäftigen, können wir sie anschauen und ihren Sinn verstehen. *Wenn wir uns der Angst stellen,* sie reflektieren und bearbeiten, dann können wir handeln. Wir können etwas bewirken und verändern und damit die Angst verringern. *Wenn wir nicht vor unserer Angst fliehen müssen,* dann können wir offen sein für die Ängste unserer Kinder. Wir können sie anhören und versuchen, sie zu verstehen. Wir können die Kinder trösten, ihnen Mut machen und gemeinsam nach Wegen suchen und gucken, welche Möglichkeiten es gibt zu handeln.

Wie haben Kinder und Jugendliche Krisen bisher gemeistert?

Gucken wir mal auf die »Habenseite«, darauf, wie Kinder und Jugendliche mit Krisen bisher umgegangen sind. Welche Fähigkeiten bringen sie mit und haben sie genutzt, um durch Krisen gut durchzukommen?

Studien belegen zweierlei: Einige Kinder und Jugendliche sind bislang nicht so leicht durch die Krisen gekommen. Andere sind aktiv geworden, viele haben Wege gefunden, mit den Krisen umzugehen.

- Die Klimakatastrophe: Aus der Realangst vor der Klimakatastrophe ist eine Jugendbewegung entstanden. Die damals 15-jährige Greta Thunberg hat sie angestoßen, indem sie aktiv geworden ist. Und Millionen Kinder und Jugendliche sind auch aufgestanden, um etwas zu tun, um zu handeln. Dabei haben sie viele Rückschläge, Misserfolge und Anfeindungen einstecken müssen. Ihre Stärke hat sich auch darin gezeigt, dass sie nicht aufgegeben haben. Denn sie haben auch erfahren: Wir können etwas tun. Es bewegt sich etwas.
- Die Pandemie: Die Ohnmacht und die totale Verunsicherung durch das Coronavirus war erst mal für fast alle spürbar und hat viele gelähmt. Gleichzeitig gab es viele Kinder und Jugendliche, die ihren Weg gefunden haben, durch diese Zeit zu kommen. Die meisten haben sich an die Corona-Regeln gehalten, viele haben überlegt, wie sie älteren Menschen helfen können, wie sie neue Wege finden, in Kontakt zu bleiben. Sie haben angefangen, Neues für sich zu entdecken, kochen, Filme schneiden, Musik machen. Viele sind gestärkt aus der Krise gegangen, mit der Erfahrung: Wir schaffen das. Wir können Krisen meistern.
- Kriege: Es war und ist bitter zu sehen, wie Menschen andere töten, wie Kinder sterben müssen, wie Menschen fliehen. Auch darüber machen sich Kinder und Jugendliche viele Gedanken. Zu Beginn der russischen Invasion in die Ukraine haben sie in der Schule Girlanden gebastelt mit der ukrainischen Flagge, um dem Wunsch nach Frieden Ausdruck zu verleihen und fest zu bekennen: Wir stehen an eurer Seite. Sie haben überlegt, was sie von ihren Sachen abgeben können an Geflüchtete, sie haben Flohmärkte veranstaltet und sich in der Schule um geflüchtete Kinder bemüht.
- Rechtsruck: Kinder und Jugendliche sind auf die Straße gegangen, um gegen Fremdenfeindlichkeit zu demonstrieren. Sie haben Plakate gemalt und andere ermuntert mitzukommen. Sie haben den Mund aufgemacht und ihre Meinung gesagt. Manche springen in der Klasse ihrem Freund oder ihrer Freundin bei, wenn sie angefeindet werden.

Der 12-jährige Tim erzählte mir dazu folgende Geschichte:

»Ich hab zwei Freunde, die auch Ausländer sind. Ab und zu hab ich mitbekommen, wie irgendwelche blöden Kinder zu denen gesagt haben: `Ey, was bist du für einer, geh mal wieder zurück in dein Land, ich mag dich hier nicht.´ Und dann bin ich da auch hin und hab gesagt: ´Was hast du für ein Problem mit ihm? Guck mal, er ist doch ganz nett, er ist mein Freund, was hat er dir jemals in deinem Leben getan?´ Da war ich aber vor allem traurig, weil es mein Freund ist, der gerade so beleidigt wurde, dass er auch ziemlich am Boden zerstört war.« (Tim, 12 Jahre alt)

Inflation: Bei diesem Thema denken die Jugendlichen vor allem an sich selbst, daran, was sie sich in Zukunft finanziell leisten können, wie sie leben werden. Sie haben eine Ahnung davon, dass sie sich vielleicht weniger leisten können als ihre Eltern oder zumindest nicht mehr erreichen können. Das stimmt in manchen Punkten auch. Gleichzeitig haben einige die Hoffnung, dass sie aus ihrer Kraft ihr Leben »machen« können. Sie haben die Erfahrung gemacht, dass es hilft, sich anzustrengen und sich einzubringen, wenn man ein Ziel erreichen möchte. Auf ihre persönliche Zukunft blicken die meisten mit Zuversicht.

Anders ist es bei der Fremdenfeindlichkeit: Da suchen manche die Abkürzung. Die Fremden sollen weg sein. Der starke Mann, die starke Frau soll es richten. Wie ich schon erwähnt habe, zeigt eine alte historische Erfahrung: Je hilfloser sich Menschen fühlen, desto eher neigen sie dazu, nach autoritären Führern zu rufen, von denen sie sich erhoffen, dass sie sie beschützen. Wie gesagt: 16 % der Erstwählerinnen und Erstwähler haben bei der Europawahl 2024 rechts gewählt. Bei den darauffolgenden Landtagswahlen waren es noch mehr. Manche zeigen ihre Ablehnung ausländischer Menschen ganz deutlich auch in ihrem Verhalten ihnen gegenüber. Diese Kinder und Jugendlichen müssen im übertragenen und manchmal auch in konkretem Sinn an die Hand genommen werden. Sie brauchen Hilfe, differenziert zu schauen und zu urteilen, so dass sie erkennen, dass schlechte Erfahrungen nicht zu verallgemeinern sind. Dass die meisten Fremden nichts anderes wollen als sie selbst: Frieden und Freundschaft. Das ist nicht einfach. Es bedarf sehr viel Energie und Bereitschaft, Dinge zu Ende zu diskutieren. Und es muss deutlich werden, wie wichtig Menschen aus anderen Ländern auch für unser Land sind.

Wie helfen sich Kinder und Jugendliche, wenn sie Angst haben?

Was macht ihr, wenn ihr Angst habt, habe ich Kinder und Jugendliche gefragt:

> »Wenn ich Angst habe, rede ich mit meiner Mama oder meiner Freundin, auf jeden Fall mit einer Person, der ich vertraue, und dann versucht diese Person, mich aufzumuntern. Das hilft mir«, erläutert die 13-jährige Shahad, die mit 3 Jahren aus Syrien geflohen ist.

Ich habe mit Shahad, ihren Geschwistern und Freunden für mein Kinderbuch *Wann ist endlich Frieden?* über ihre Erlebnisse und Gefühle zu Krieg und Frieden gesprochen. Nach dem Gespräch habe ich die Kinder gefragt, wie es für sie war, darüber zu sprechen. »Sehr entlastend«, hat Shahad geantwortet.

Sprechen über die Angst:

> »Ich spreche gerne mit Freunden oder meiner Familie über meine Ängste und dann versuchen wir, eine Lösung zu finden, damit ich da keine Angst mehr habe vor. Zum Beispiel früher, als ich so vier war, da hatte ich Angst vor Gewitter und dann hab ich mich immer unter meiner Bettdecke versteckt.« (Mieke, 10 Jahre)

> »Also ich ruf oft dann meine Oma an und sprech mit der dann über meine Angst.« (Paulina, 10 Jahre)

Nicht allein bleiben mit der Angst:

»Dann geh ich oft zu meinen Eltern oder zu meiner kleinen Schwester. Dann spiel ich oft mit meiner Schwester und versuch, mich einfach zu entspannen.« (Oskar, 9 Jahre)

Etwas tun:

»Wenn ich Angst habe, dann gehe ich zu meinen Hunden und streichle die. Weil sie dann mit mir spielen und ich dann bessere Laune habe und dann die Angst vergesse.« (Lara, 11 Jahre)

Ängste auszusprechen und auf mehrere Schultern zu verteilen, das ist ein sehr hilfreicher erster Schritt. Das ist möglich, wenn es jemanden gibt, dem man sich anvertrauen kann, der oder die einen ernst nimmt, einen anhört und tröstet. Die Erleichterung wird sofort spürbar. Die Angst kann außerhalb von sich selbst angeschaut und bearbeitet werden. Das Teilen und das gemeinsame Sprechen darüber ist der Schlüssel. Der wichtige erste Schritt.

Wer unterstützt Kinder und Jugendliche?

»Wen oder was empfinden Sie als besonders hilfreich im Blick auf die Zukunft?«, habe ich die Jugendlichen gefragt.

Zehn von 19 Jugendlichen geben ihre Eltern oder einen Elternteil als besonders hilfreich an. Auf Rang zwei stehen Freunde, gleichauf stehen die eigenen Interessen, die eigene Erfahrung, das eigene »Mindset«. Dann folgen Vorbilder, Influencer.

»Meine Eltern unterstützen mich in Bezug auf Berufsfindung und außerdem sind Freunde hilfreich, die vor denselben Entscheidungen/Problemen stehen wie ich. Nachdenken und reden sind hilfreich, um eine Vorstellung von der eigenen Zukunft zu entwickeln.« (Doro, 16 Jahre)

»Ich empfinde bestimmte Familienmitglieder und meinen eigenen Ehrgeiz als hilfreich.« (Mara, 17 Jahre)

»Mit anderen über meine Sorgen zu reden und mich alleine damit auseinanderzusetzen … Selbstbewusstsein und Hoffnungen sind essenziell, um seine Ziele zu erreichen.« (Simon, 16 Jahre)

»Mein Mindset und Disziplin empfinde ich als besonders hilfreich im Blick auf die Zukunft. Because hard work beats talent in every situation.« (Martin, 16 Jahre)

»Meine persönlichen Mentoren sind meine Eltern, Ronaldo, Iman Gadhzi, Andrew und Tristan Tate, und einfach für seine Träume immer hundert Prozent geben, auch wenn das manchmal schwerfällt.« (Levin, 17 Jahre)

»Vorbilder, da sie sehr prägen … und Familie, die für mich immer da war, egal, ob der Tag gut oder schlecht war. Familie ist sehr wichtig.« (Mirko, 16 Jahre)

Einzelne Jugendliche nennen: Die Grünen, »die etwas gegen den Klimawandel tun und für eine friedvollere und offenere Welt stehen.« Der 16-jährge Theo findet Halt in der Religion: »Ich habe mich in letzter Zeit mehr dem Christentum und Jesus zugewandt. Das hilft mir sehr.« Sport und Soziale Medien werden teilweise als hilfreich erlebt. Einem Jugendlichen fällt niemand ein. Eine Jugendliche sagt, ohne dass danach explizit gefragt wurde: »Schule ist leider weniger hilfreich.«
Die Jugendlichen bringen eigene Kraftquellen mit. Manche haben das Gefühl, sich auf sich selbst verlassen zu können und nennen ihren Ehrgeiz oder die Fähigkeit, über die Dinge nachzudenken.

Viele Jugendliche sind bereit, einiges zu tun

»Was würdest du persönlich gegen Klimawandel tun?«, hat das Sinus-Institut im Auftrag der Barmer Krankenkasse Jugendliche zwischen 14 und 17 Jahren gefragt, um ihre Handlungsbereitschaft herauszufinden: 86% wären bereit, zumindest eine konkrete Maßnahme umzusetzen. 86% wären dafür offen, Verpackungen zu vermeiden. 78% würden »eher« oder sogar »bestimmt« kürzer duschen, 73% seltener ein Smartphone kaufen, 67% weniger heizen und 59% auf Flugreisen verzichten.[71] Das ist doch ein ermutigendes Ergebnis.

Der 18-jährige Jonas, der sich bei Fridays for Future engagiert, hat sich entschieden, mitzugestalten, etwas beizutragen, Verantwortung zu übernehmen. In einem Interview erklärte er mir das so:

»Ich mache das aus Überzeugung, dass etwas getan werden muss, um halt weiter Leid und Übel zu verhindern, und weil ich auch möchte, dass das so passiert. Ich fänd es halt auch doof, wenn es nachher an mir gescheitert wäre, dass an der Sache nicht gearbeitet wurde, nichts passiert wäre, weil ich mich nicht dafür stark gemacht hätte.«

Wie können wir uns selbst aufstellen, um unsere Kinder hoffnungsvoll und zuversichtlich in die Welt zu begleiten?

Es ist eine gute Nachricht: Wir können bei uns selbst anfangen. Uns selbst kritisch zu überprüfen und unsere eigenen Gefühle wahrzunehmen, ist das Erste: Die eigene Angst zulassen und den Weg frei machen für die Angst. Sie darf auf den Tisch. Sie darf Thema sein. Mit anderen Erwachsenen. Wir können sie anschauen, sie bearbeiten und uns an ihr entwickeln.

Das ermöglicht uns, die Angst der Kinder zuzulassen: Wir können ihnen signalisieren, dass wir offen sind, ihre Ängste anzuhören und gemeinsam anzuschauen.

Denn das ist der Weg. Kinder bekommen viel mehr mit, als wir denken. Sie brauchen von uns das unbedingte Signal, dass sie mit ihren Themen zu uns kommen können, dass wir sie ernst nehmen und dass wir bereit sind, uns ihrer anzunehmen.

Wir können gemeinsam mit ihnen schauen, woher die Angst kommt, wie real sie ist und wie man mit ihr umgehen kann. Das bedeutet etwa bei der Angst im Dunkeln, die Sicherheit zu geben, dass die Kinder nicht allein sind, dass sie zu einem kommen können oder manchmal nur eine kleine Lampe anmachen können. Bei der Angst vor dem Klimawandel können wir mit ihnen gemeinsam sehen, dass das eine reale Gefahr ist, und dass es sinnvoll ist zu überlegen, was man auch als Einzelperson oder Familie dagegen tun kann. Bei der Angst vor den Klausuren können wir mit den Kindern besprechen, was sie selbst tun können, um sich sicherer zu fühlen und/oder auch sie darin bestärken, dass Noten nicht alles sind.

Wir können den Kindern helfen, indem wir auch mal von »Gegenüber« auf das Problem schauen. Dem Schwierigen, Angstmachenden das Positive gegenüberstellen, indem wir nach der anderen Seite fragen. Etwa in Bezug auf den Klimawandel: Es gibt Klimawandel und die Auswirkungen sind sehr spürbar. Was steht daneben? Eine aktive Klimabewegung, manche Politiker, die sich dafür einsetzen, etwas für das Klima zu unternehmen, Initiativen in der Schule, wir als Familie, die ihren Teil dazu leisten, indem wir darauf achten, wo wir Energie sparen können.

Was brauchen unsere Kinder von uns?

Halt, Orientierung, Leitplanken

Das ist die Überschrift über das, was Kinder jeden Alters von uns am meisten brauchen. Denn die Welt ist so unübersichtlich und vielfältig geworden, da den richtigen Weg für sich zu finden, ist verdammt schwer. Und das ist das, wonach sie suchen. Halt und Orientierung sind entscheidend, um sicher in die Welt gehen zu können, um sich als selbstwirksam, als jemand, der mitgestalten kann, wie das Leben läuft, zu empfinden. Wie können wir diesen Halt geben?

Vorbild sein

Auch hier ist es am einfachsten, wenn wir bei uns selbst anfangen und uns fragen, was wir vorleben möchten. »Wir brauchen unsere Kinder nicht zu erziehen, sie machen uns sowieso alles nach«, sagte der Kabarettist Karl Valentin. Das ist doch eine super Ausgangsposition. Dazu müssen wir erst mal nur unser eigenes Verhalten überprüfen. Was ist uns wichtig? Wo möchten wir uns einsetzen? Unsere Kinder machen uns nach, wie wir den Müll trennen, Ressourcen verbrauchen, mit uns und unseren Mitmenschen umgehen. Bei Jugendlichen ist dies vielleicht nicht auf den ersten Blick sichtbar. Aber seien Sie sicher, es wirkt trotzdem, was wir sagen und wie wir uns verhalten.

Eine sichere Bindung

»Gipfelstürmer brauchen ein Basislager.«
John Bowlby

Es ist unerlässlich, den Kindern eine unverbrüchliche Beziehung anzubieten. »Egal was ist, du hast hier immer einen Platz.« So interpretiere ich meinen Lieblingssatz des Bindungsforschers John Bowlby. Damit Kinder mutig in die Welt gehen können, brauchen sie Wurzeln.

Der Familienreport 2024 kommt zu dem Ergebnis: »Ein gutes Familienleben« hat bei Kindern und Jugendlichen einen hohen Wert. Vor der Pandemie gaben das 90 % der Jugendlichen an. Aber auch im Umgang mit Covid 19 habe ihnen die Familie am meisten geholfen.

Das Ergebnis ist ein Mutmacher für Eltern. Sie machen schon eine Menge richtig und sind hilfreich. Daran, dass das Familienleben gelingt, haben sie einen großen Anteil, den größten.

Eltern unterstützen ihre Kinder, indem sie sie *bedingungslos annehmen*, so wie sie sind. Das heißt, indem sie ihnen das Gefühl geben, dass sie gut sind, wie sie sind. Hier und jetzt. Sie müssen nicht schlauer, sportlicher, anständiger sein. Sie sind erst mal da und werden so angenommen. Wir vertrauen ihnen und wir vertrauen darauf, dass sie ihren Weg machen, und sei es auf Umwegen.

Das bedeutet auch, da zu sein, wenn etwas nicht so gut gelaufen ist. »Wir sind auf deiner Seite«, ist das Signal, das die Eltern geben. Das gibt Sicherheit, ins Leben zu gehen. »Familie, die für mich immer da war, egal, ob ich etwas Gutes oder Schlechtes getan habe«, formuliert es der 16-jährige Mirko. Um keine Missverständnisse aufkommen zu lassen: Es bedeutet nicht, dass wir alles bedingungslos gut finden müssen, was sie tun. Aber: Wir sind da, auch wenn sie »Mist« machen. Dann zeigen wir ihnen, wie man dazu steht und das wieder ausbügelt.

»Ich schaue mit einem fröhlichen und guten Gefühl in die Zukunft, weil ich weiß, was ich kann und bei jedem Rückschlag Bezugspersonen hinter mir stehen habe.« (Martin, 16 Jahre)

Das ist der sichere Ort, das Basislager, von dem aus sie in die Welt gehen können.

Respekt

Eine wichtige Voraussetzung dafür, dass Kinder auf ihre Eltern setzen und sie als hilfreich und unterstützend erleben können, ist, dass wir unsere Kinder ernst nehmen. Ernst nehmen, wenn wir spüren, dass sie Sorgen haben oder wenn sie direkt damit zu uns kommen. Wir machen sie nicht lächerlich. Wir machen sie nicht runter. Wir bagatellisieren ihr Anliegen nicht. Wir reden nicht hinter ihrem Rücken über sie. Wir gehen respektvoll mit ihnen um. Wir lassen sie aussprechen, hören aufmerksam zu und bieten unsere Unterstützung an.

Interesse

Kinder brauchen Menschen, die wohlwollend und mit offenem Interesse auf sie schauen. Die wissen möchten: Was interessiert dich? Was ist dir wichtig? Was bedrückt dich? Was brauchst du? Eltern, die es nicht immer besser wissen, sondern die offen zuhören können, was die Kinder bewegt. Das heißt, sie brauchen eine Möglichkeit, sich zu äußern, brauchen einen Platz für ihre Sicht auf die

Welt. Auf meinem Fragebogen, den ich den Jugendlichen gegeben habe, gab es am Schluss die Rubrik: »Gedanken/Anmerkungen«.

Die 17-jährige Thea schrieb:

»Danke, dass Sie so etwas machen und wir dadurch unsere Gedanken loswerden können.«

Verantwortung übernehmen und zeigen, wie das geht

Gleichzeitig ist es wichtig, dass wir als Erwachsene Verantwortung übernehmen. Für unsere Kinder, unsere Familie, unser Handeln. Dadurch zeigen wir den Kindern, wie das geht. Sie spüren, dass die Eltern sie schützen und für sie sorgen. Nach und nach, ihrem Alter entsprechend, können wir den Kindern Verantwortung übertragen. So erfahren sie, dass auch sie, wie gesagt immer in überschaubarem Rahmen, Verantwortung übernehmen können. Dass sie selbst wirksam sind. Diese Erfahrung wird sie stärken, nicht alle Hoffnung auf einen starken Mann oder eine starke Frau, der/die es richten soll, abzuwälzen. Sie können lernen, dass sie selbst eine positive Kraft entwickeln und etwas bewirken können.

Umgang mit Gefühlen lernen

Wie können Kinder und Jugendliche lernen, mit ihren starken Gefühlen wie Angst, Wut und Enttäuschung umzugehen? Und: Wie lernt man Empathie? Wie lernt man, besser miteinander umzugehen? Der erste Schritt ist der, der auch für die Angst gilt: Die Gefühle benennen und anschauen. Alle Gefühle dürfen sein, auch Wut, Ärger und Trauer sind wichtige Gefühle, die einen Platz brauchen. Wer wütend ist, darf diese Wut haben, und er darf es auch sagen oder auf sein Kissen hauen. Was nicht geht, ist andere zu attackieren. Wer traurig ist, darf weinen und wird getröstet. Das Eingestehen der Gefühle und den Umgang auch mit nicht so schönen Gefühlen, lernen die Kinder von ihren Eltern. Und es ist so wichtig, damit die Gefühle nicht aggressiv gegen sich selbst oder andere ausagiert werden. Denn Menschen, die sich ihrer Gefühle nicht bewusst sind, die keine Worte dafür haben und deren Ge-

fühle nicht sein dürfen, lösen diese häufig, indem sie aggressiv und gewalttätig werden.
In manchen Schulen oder Kindergärten gibt es genau dafür einen »Toberaum«. Die Erzieherinnen oder Lehrerinnen müssen nicht sagen: »Sei nicht so aggressiv.« Sie können sagen: »Ich habe verstanden, dass du sauer bist. Dafür gibt es einen Platz. Du kannst dich dort austoben.«
In Finnland, dem Vorzeigeland in Sachen Bildung, gibt es fest verankert im Lehrplan das Fach »Soziales und Emotionales Lernen«. Empathie und andere soziale Fähigkeiten werden hier vermittelt.
Eigentlich nicht verwunderlich, für manche vielleicht dennoch ein erstaunlicher Zusammenhang: Eine Studie der OECD dazu bestätigt, dass sozial-emotionale Fähigkeiten schulisch relevante Leistungen verbessern. Denn wer schlau ist, ist deshalb noch lange nicht erfolgreich,
Die soziale Kompetenz ist genauso wichtig.[72]

Teilhabe
Kinder wollen gefragt und gehört werden. Wichtig ist, dass sie das Gefühl haben, dass es ankommt, was sie sagen. Es hilft gar nichts, wenn Kinder gehört werden und das Gesagte dann keine Folgen hat. Dann machen sie die Erfahrung: Es ist egal, was ich sage, es nützt ja eh nichts. Das heißt: Wie kann ein Wunsch der Kinder umgesetzt werden? Auch wenn dies oft nicht der ganze Wunsch sein kann, welcher Teil ist vielleicht umzusetzen? Nur wenn ihre Vorschläge einbezogen und beachtet werden, spüren sie, dass es sich lohnt, sich für eine Sache stark zu machen.

Selbstwirksamkeit erfahren
Selbstwirksamkeit bedeutet: Ich kann etwas bewirken, ich habe Einfluss, ich kann etwas verändern. Es ist nicht egal, ob ich etwas tue oder nicht. Was ich tue, hat eine Wirkung. Ich kann meinem Leben eine Richtung geben. Es macht einen Unterschied, ob ich mich anstrenge für eine Sache oder nicht. Das können Kinder erleben, wenn sie z. B. darum kämpfen, abends länger draußen zu bleiben als bisher. Sie können erleben, dass es hilft, mit den Eltern da-

rüber zu sprechen, ihnen klarzumachen, dass sie sicher nach Hause kommen und dass es ihnen gut geht. Eltern können dann zum Beispiel ihre Argumente erklären, warum sie vielleicht doch für eine frühere Uhrzeit sind, und man kann sich vielleicht auf einen Kompromiss einigen. Sie können sich als selbstwirksam erleben, wenn sie sich für eine Sache anstrengen und Erfolg haben.

Dazu brauchen die Kinder einen Raum: Kinder sind neugierig. Sie entdecken und erforschen die Welt und wollen selbst etwas gestalten. Das geht, wenn wir sie – in altersgerechtem Rahmen – selbst Erfahrungen machen lassen. Wenn wir ihnen nicht alles vorgeben und es gleichzeitig aushalten, dass sie auf andere Ideen kommen als wir.

Auch auf gesellschaftlicher Ebene können den Kindern viele Möglichkeiten, sich selbst als wirksam zu erfahren, eröffnet werden:

Ein spannendes Konzept, Kindern auch in ihrem Schulalltag Freiräume zu bieten, ist das Konzept »Friday«.

Der »Friday« ist ein Tag in der Woche für die Zukunft. Ein Lernformat der Bildungsorganisation »Schule im Aufbruch«. 2012 hat Margret Rasfeld, ehemalige Schulleiterin und sogenannte »Mutmacherin«, die Idee entwickelt und gemeinsam mit dem Hirnforscher Prof. Gerald Hüther und dem Juristen Prof. Stefan Breidenbach »Schule im Aufbruch« gegründet. Die Idee: Ein Zukunftstag mit mindestens vier Stunden pro Woche, an dem es Freiräume gibt »für das Lernen mit Herz, Hand und Kopf«. Was gemacht wird, soll sich an Zukunftsherausforderungen orientieren und von den Kindern und Jugendlichen bestimmt werden. Kinder bekommen die Möglichkeit, Antworten zu finden auf selbstgewählte Fragen, die die Zukunft betreffen: Wird es in 30 Jahren noch Bäume geben? Was führt zu Konflikten, Terror und Flucht? Warum gibt es Rassismus? Was können wir gegen Armut tun? Dabei finden die Schülerinnen und Schüler nicht nur Antworten, sondern sie entwickeln gemeinsam konkrete Lösungen. Sie bauen zum Beispiel ein Modell einer zukunftsfähigen Stadt, produzieren nachhaltiges Waschmittel oder entwickeln ein Konzept, wie man Menstruationsartikel auf Schultoiletten umsonst zur Verfügung stellen kann.

Die Macherinnen der Bildungsorganisation möchten eine neue Form des Lernens an Schulen etablieren: Fächerübergreifend möchten sie verantwortungsvolles, nachhaltiges und gerechtes Denken und Handeln fördern. Dabei kann es Zusammenarbeit geben mit NGOs, außerschulischen Lernorten, Unternehmen, Künstlern und Künstlerinnen, Universitäten und Wissenschaftlerinnen. »Visionen entwickeln und diese mit Leidenschaft und Mut umzusetzen«, heißt das Ziel. »Scheitern und Fehler sind ausdrücklich erlaubt.«

Eine gute Möglichkeit, sich als selbstwirksam zu erleben, ist auch ein Soziales Jahr. Hier können die jungen Erwachsenen aus ihrem Lebensalltag heraustreten, sie können erfahren, wie andere Menschen leben und ihren eigenen Blick auf die Welt erweitern. Gleichzeitig können sie sich selbst als hilfreich erleben. Wenn sie im Kindergarten, in Schulen, in sozialen Einrichtungen oder Kulturbetrieben arbeiten, sehen sie, dass es etwas Sinnvolles zu tun gibt, auch für sie.

Die Erfahrung, dass ihre Anstrengung gesehen wird

Die Erfahrung, dass sie Probleme meistern können, haben viele Kinder und Jugendliche in der Corona-Pandemie gemacht. Sie sind durchgekommen und haben viel geleistet. Sie haben es geschafft, mit einem vollkommen unstrukturierten Tag zurechtzukommen, sie haben in der Schule Masken getragen und sich den Abstandsregeln und Testregeln angepasst. Wichtig ist, dass wir es sehen und anerkennen, was sie geschafft haben. Dass wir ihnen auch zu verstehen geben, dass das manchmal viel mehr war, als Matheformeln oder Französisch-Vokabeln zu pauken.

Loslassen

»Eure Kinder sind nicht eure Kinder. Sie sind die Söhne und die Töchter der Sehnsucht des Lebens nach sich selbst«, so beginnt das berühmte Gedicht von Khalil Gibran. Mit anderen Worten: Wir müssen ihnen den Weg ebnen, selbst in die Welt gehen zu können. Sie nicht an uns binden, nicht von ihnen verlangen, dass sie für uns da sind. Sie sind für sich da und für das Leben, das sie sich wählen. Also: Tür auf, auch wenn es schwerfällt.

Hoffnung und Zuversicht
Sie wird in der letzten Zeit häufig beschworen, die Zuversicht, von Politikern, Nachrichtenmoderatoren, Pädagogen. Und sie ist so wichtig, aber woher nehmen wir sie?

Einerseits immer wieder durch den Versuch, eine andere Seite der Medaille zu sehen, den Blick auf das Positive zu richten, ihn zu weiten, oder auch im nahen Umfeld zu schauen: Was kann ich konkret tun?

Indem wir handeln, entsteht die Hoffnung, die Hoffnung darauf, dass sich etwas verändert, dass wir einen Teil in der Hand haben. »Die Hoffnung ersäuft die Angst«, ist ein Satz des Philosophen Ernst Bloch. »Es kommt darauf an das Hoffen zu lernen«, schrieb Bloch in einer sehr hoffnungslosen Zeit, im zweiten Weltkrieg.[73]

Für Hoffnung muss man etwas tun, das ist auch die Erfahrung von Luisa Neubauer: »Ich glaube, man kann gerade sehr gut lernen, dass man Hoffnung nicht einfach nur hat, das fällt einem nicht einfach in den Schoß, sondern es ist harte Arbeit, immer wieder in diesen Krisen, in diesen vielen Krisen die Momente zu finden, wo man versteht, ah, aber es lohnt sich und wir können die Verhältnisse verbessern.« »Gelebte Hoffnung« nennt sie das, mehr noch: »Radikale Zuversicht«.[74]

In ihrem Buch *Gegen die Ohnmacht* beschreibt Luisa Neubauer, wo die Hoffnung und die Zuversicht für sie auch herkommt. Nämlich daher zu sehen und zu wissen, dass es auch andere gibt, die für ihre Sache kämpfen. Jeder kleine Schritt hilft, irgendwo auf der Welt macht gerade wieder jemand etwas: »Irgendwo legt schon jemand los. In genau diesem Augenblick. Irgendwer greift gerade zum Telefonhörer, zum Demoschild, fängt an zu mailen, sich zu vernetzen, zu organisieren. Irgendwo baut gerade jemand ein Baumhaus in einem durch Rodung gefährdeten Wald. Nicht, weil dieses eine Baumhaus den Unterschied machen wird. Sondern weil das Baumhaus nicht allein bleiben wird, weil überall auf der Welt andere Menschen ihren Teil zum Schutz der Lebensgrundlagen beitragen werden.«[75]

Das Hoffen lernen wir, indem wir die ganze Welt anschauen, nicht nur den dunklen Teil, sondern auch den hellen. Welcher Teil an dem Schwierigen ist gut? Die Zukunftsforscherin Florence Gaub ermuntert dazu, nicht ein »Verlust-Narrativ zu erzählen, sondern positiv zu erzählen, so gut ich kann, in jedem Moment.« Sie meint, das Positive zu erzählen sei ein »Self licking Lolly Pop ... je mehr man positiv denkt, desto positiver wird man auch.«[76]

»Die Zukunft ist das, was man draus macht«, ist der Satz, der zeigt, dass wir fähig sind, etwas zu tun, wenn wir genau hinschauen. Die Philosophin Hannah Arendt formuliert es so: »Es steht uns frei, die Welt zu verändern und in ihr etwas Neues anzufangen.«[77]

Brechen wir das mal runter auf unsere Kinder. Wenn die Angst vor der Zukunft sie überrollt, wenn sie Sorge haben, das Leben nicht zu schaffen. Was hilft ihnen? Vielleicht die Frage: Wie geht es dir? Ist die Mathearbeit wirklich so wichtig? Was könntest du tun? Wie kann ich dich unterstützen?

»Ihr seid nicht allein.«
Es passiert manchmal ohne Worte. Aber die Kinder und Jugendlichen spüren es: Wir engagieren uns auch. Uns ist die Weltlage auch nicht egal. Wir gucken auch, was wir tun können. Für euch und – wenn es passt – neben euch und mit euch. Wir überlassen euch die Krisen nicht allein. Wir werden nicht gegeneinander sein, sondern miteinander sind wir stark.

Es geht darum, gemeinsam die Zukunft zu gestalten. Sie gehört allen zusammen.

Danke an

Stephan Langer und seinen Englischkurs der Jahrgangsstufe 11 für die tolle Möglichkeit, die Jugendlichen nach ihren Plänen, Ängsten, Hoffnungen und Wünschen zu befragen.

Gitti Feierabend und den Kindern ihrer 4. Klasse in 2024 für Ihre Offenheit, ihre Zeit und ihre so interessanten Gedanken.

Allen anderen Kindern und Jugendlichen, mit denen ich gesprochen habe.

Heike Hermann vom Patmos Verlag für ihre Hartnäckigkeit, den inhaltlichen konstruktiven Dialog und überhaupt: die Idee.

Zitatnachweis

S. 106: Alexander Kielland Krag, Nur ein wenig Angst. Aus dem Norwegischen von Gabriele Haefs © Atrium Verlag AG, Imprint Arctis, Zürich 2023

Anmerkungen

1 »Das war 2023« titelte die Wochentaz in ihrer Ausgabe vom 9.–15.12.2023
2 Neubauer, Luisa; Reemtsma, Dagmar: Gegen die Ohnmacht, Tropen, 2022
3 U. a. in: »Kölner Treff«, WDR, 31.01.2020
4 Bundesministerium für Familien, Senioren, Frauen und Jugend: Familienreport 2024
5 Albert u. a.: Jugend 2024, Pragmatisch zwischen Verdrossenheit und gelebter Vielfalt, Beltz Verlag, 2024
6 Institut für Generationenforschung, Jugendwahlstudie 2024
7 Ipsos, Studie für die Körberstiftung »Einstellungen und Sorgen der Jugendlichen nach dem Geheimtreffen von Potsdam« Februar 2024
8 Reuters Foundation, Newsletter 20.8.21
9 https://www.unicef.de/informieren/einsatz-fuer-kinderrechte/klimawandelundkinderrechte
10 https://www.bath.ac.uk/announcements/government-inaction-on-climate-change-linked-to-psychological-distress-in-young-people-new-study/
11 https://www.bib.bund.de/DE/Presse/Mitteilungen/2024/2024-03-20-Geburtenrate-faellt-auf-den-tiefsten-Stand-seit-2009.html
12 https://www.bbc.com/news/world-58549373
13 https://www.tui-stiftung.de/unsere-projekte/junges-europa-die-jugendstudie-der-tui-stiftung/jugendstudie-2022/
14 Kast, Verena: Vom Sinn der Angst, Herder Verlag, 2007.
15 Kindergesundheitsbericht der Stifung Kindergesundheit, 2023, Zusammenfassung, S. 3
16 Kindergesundheitsbericht 2023, S. 48–51
17 https://www.swr.de/wissen/psychische-auswirkungen-der-klimakrise-auf-jugendliche-100.html
18 Leitlinien der Kinderrechtskonvention September 2023, Allgemeine Bemerkung Nr.26
19 Newsletter: Jugendhilfeportal 18/23

20 https://www.tagesschau.de/ausland/amerika/montana-urteil-klimaschaeden-100.html
21 https://correctiv.org/aktuelles/neue-rechte/2024/01/10/geheimplan-remigration-vertreibung-afd-rechtsextreme-november-treffen/
22 https://koerber-stiftung.de/site/assets/files/37114/240305_koerber-stiftung_umfrage_nach_dem_potsdamer_geheimtreffen.pdf
23 Schulz, Lucia: in Tagesthemen 10.6.2024
24 Tagesthemen 18.9.2024
25 https://simon-schnetzer.com/trendstudie-jugend-in-deutschland-2024/
26 https://www.tui-stiftung.de/unsere-projekte/junges-europa-die-jugendstudie-der-tui-stiftung/jugendstudie-2022/
27 Ebenda, S. 3
28 https://www.bertelsmann-stiftung.de/de/themen/aktuelle-meldungen/2024/august/mehrheit-der-jungen-menschen-blickt-positiv-in-die-zukunft-und-wuenscht-sich-mehr-politische-information-in-der-schule
29 Ebenda, S. 13
30 https://www.rheingold-marktforschung.de/gesellschaft/studie-zur-genz-2024-jugend-unter-der-tarnkappe/
31 Grünewald, Stephan: in chrismon 4/2024
32 In Frankfurter Rundschau: 19.3.2024
33 Langebartels, Birgit: »Leben im Leerlauf«, Beltz 2019.
34 In taz: 20.3.2024
35 https://www.bmfsfj.de/bmfsfj/aktuelles/alle-meldungen/lisa-paus-startet-praeventionsprogramm-an-schulen-230548
36 Schulte-Markwort, Michael: »Burn Out Kids«, Pattloch Verlag, München 2015
37 Raffauf, Elisabeth: »Erzieh uns einfach«, Patmos Verlag 2022
38 https://simon-schnetzer.com/trendstudie-jugend-in-deutschland-2024/
39 https://www.psychologytoday.com/us/blog/tech-support/202307/why-the-still-face-experiment-was-a-game-changer

40 https://uepo.de/2023/03/15/dortmunder-babylab-untersucht-einfluss-elterlicher-handy-nutzung-auf-kindliche-sprachentwicklung/
41 https://www.mkjfgfi.nrw/Qualifizierte%20LSBTIQ%2A%20Beratungsstellen
42 Aus: Interview mit Amos Oz, »Man muss andere Wege respektieren«, Taz, 03.05.2014
43 Attila, Albert: »Perfektionismus ist ein Arschloch«, Gräfe und Unzer 2021.
44 https://www.rheingold-marktforschung.de/gesellschaft/jugendliche-im-beruflichenstandby/?utm_source=mailpoet&utm_medium=email&utm_campaign=news-aus-dem-rheingo
45 https://www.sinus-institut.de/media-center/studien/barmer-jugendstudie-2023-24
46 Cyberlife IV-Studie 2022
47 Robert Bosch Stiftung, Deutsches Schulbarometer – Befragung Lehrkräfte 2024
48 Freud, Anna: »Das Ich und die Abwehrmechanismen«, Fischer 1984, S. 85ff.
49 https://journals.plos.org/plosone/article?id=10.1371/journal.pone.0268992
50 Raffauf, Elisabeth: »Wann ist endlich Frieden?« Fischer Sauerländer, 2023.
51 Jedlicka, Franz: Kriege und Kindererziehung, https://www.kinderschutz.at/post/kriege-und-kindererziehung
52 Kast, S. 246 (siehe Anm. 14)
53 https://www.land.nrw/pressemitteilung/jeder-fuenfte-jugendliche-nordrhein-westfalen-ist-stark-einsam-landesregierung
54 Teez, Kristian: Generation Kafka, Kölner Stadt-Anzeiger Samstag 1. Juni 2024
55 Yalom, Irvin D.: »Existentielle Psychotherapie«, EHP 2010, S. 126
56 Kast, S. 17 (siehe Anm. 14)
57 Yalom, S. 127 (siehe Anm. 55)
58 https://stephangruenewald.de/files/data/lesen/Lesen-PDFs/stern_10–06-24_jugendstudie.pdf

59 Kielland, Krag, Alexander: »Nur ein wenig Angst«, Arktis Verlag 2023.
60 Ebenda.
61 Koch, Claus: »Wenn aus Jugendlichen Erwachsene werden«, Klett-Cotta, Stuttgart 2024, S. 116ff.
62 https://www.rheingold-marktforschung.de/gesellschaft/studie-zur-genz-2024-jugend-unter-der-tarnkappe/
63 Koch, S. 94f. (siehe Anm. 61)
64 Kast, S. 153 (siehe Anm. 14)
65 https://www.fritzundfraenzi.ch/erziehung/elternangst-so-gelingt-der-umgang-mit-ihr/
66 Landesanstalt für Medien, NRW: Welche Challenges sich auf tiktok verbreiten und wie Kinder sie wahrnehmen, Düsseldorf 2024
67 Kast, S. 48 (siehe Anm. 14)
68 Raffauf, E., Jakobs, G.: »Wann ist endlich Frieden?«, Fischer-Sauerländer 2023.
69 https://www.stiftungbildung.org/50-wuensche/
70 The Guardian, 3.2.2024 »Andrew Tate is a symptom, not the problem: Why young men are turning against feminism«
71 https://www.barmer.de/resource/blob/1266354/30c27f074720290c4a62e89c6d6fdb42/sinus-studie-jugendbericht-2023-2024-kapitel-klima-data.pdf
72 (https://www.zeitjung.de/sozial-emotionales-lernen-schulfach-finnland-kinder-krisenfest/)
73 Bloch, Ernst: »Das Prinzip Hoffnung«, Band 1, S. 126, Suhrkamp Verlag, Frankfurt 1959
74 (podcast: SWR: Bob Blume: »Die Schule brennt-Was ich über Demokratie und Klima gerne in der Schule gelernt hätte«. 3.6.2024)
75 Neubauer, Luisa: »Gegen die Ohnmacht«, S. 227 (siehe Anm. 2)
76 Gaub, Florence: Deutsch-Französische Politikwissenschaftlerin und Zukunftsforscherin) in »Das Politikteil« 14.6.2024
77 Arendt, Hannah: zitiert in Stonebridge, Lindsey: «Wir sind frei die Welt zu verändern«, Beck, München 2024